전 과목이 쉬워지는
강력한 국어의 힘

초등 문해력 신문

1

PHOTO CREDIT

표지, 25p, 52p, 92p, 124p ⓒ셔터스톡 / 68p, 148p, 160p, 188p ⓒ연합뉴스 / 16p, 32p, 36p, 45p, 48p, 96p, 100p, 104p, 120p, 128p, 156p, 168p, 176p ⓒ위키피디아 / 12p, 20p, 44p, 45p, 60p, 72p, 76p, 80p, 84p, 116p, 132p, 140p, 144p, 152p, 164p, 180p, 184p, 192p ⓒ픽사베이 / 125p ⓒ환경부 / 29p ⓒ한국환경공단

전 과목이 쉬워지는 강력한 국어의 힘

초등 문해력 신문 1

초판 1쇄 인쇄 2025년 9월 25일
초판 1쇄 발행 2025년 10월 13일

글 강미숙, 지다나

펴낸곳 도서출판 개암나무(주)
펴낸이 김보경
경영관리 총괄 김수현   **경영관리** 배정은 조영재
편집 조원선 김소희 오은정 이혜인   **디자인** 이은주   **마케팅** 이기성
출판등록 2006년 6월 16일 제22-2944호

주소 서울특별시 용산구 한남대로40길 19, 4층(한남동, JD빌딩) (우)04417
전화 (02)6254-0601, 6207-0603   **팩스** (02)6254-0602   **E-mail** gaeam@gaeamnamu.co.kr
개암나무 블로그 http://blog.naver.com/gaeamnamu   **개암나무 카페** http://cafe.naver.com/gaeam

ISBN 978-89-6830-888-8 74700
ISBN 978-89-6830-887-1 74700 (세트)

KC **품명** 아동 도서 | **제조년월** 2025년 10월 13일 | **사용연령** 11세 이상
제조자명 개암나무(주) | **제조국명** 대한민국 | **전화번호** 02-6254-0601
주소 서울특별시 용산구 한남대로40길 19, 4층(한남동, JD빌딩)

전 과목이 쉬워지는

강력한 국어의 힘
초등
문해력 신문

1

강미숙·지다나 글

개암나무

이 책의 구성을 알아봐요

경제, 사회 문화, 과학, 국제, 환경 다섯 분야의 시사·교양 기사와 시조, 일기, 판소리 등 다양한 읽을거리를 담았어요. 일주일 동안 매일 다른 주제의 글을 읽으며, 어휘력과 생각하는 힘을 기를 수 있어요.

신문 기사로 시야 넓히기

분야와 난이도
각 글의 분야와 난이도를 표시해 글의 주제를 짐작할 수 있어요.

교과 연계
어떤 교과목과 연계되어 있는지 확인할 수 있어요.

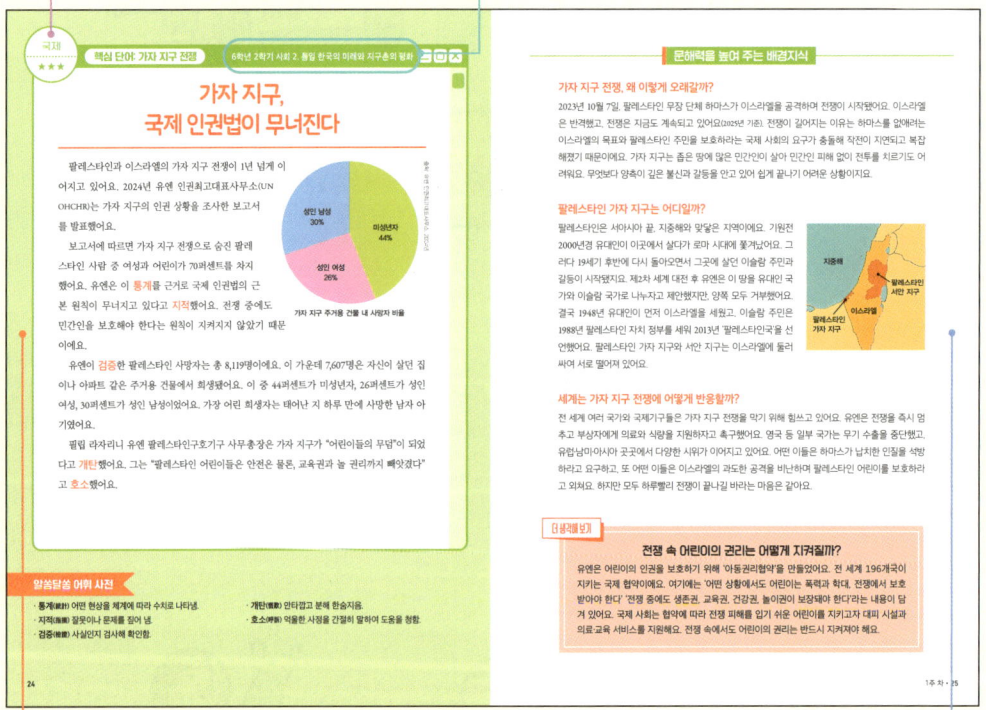

신문 기사와 어휘 사전
기자 출신 저자들이 기사 작성법에 따라 쓴 기사를 읽으며 신문 기사와 친해져요. 모르는 단어는 바로 확인하여 어휘력을 키워요.

문해력을 높여 주는 배경지식
기사와 관련된 정보를 읽으며 지식의 폭을 넓히고 문해력을 길러요.

평일엔 세상과 연결되고, 주말엔 이야기 속으로 여행하며 한 주를 채워 봐요. 8주 뒤에는 세상을 깊이 이해하고 책 속을 자유롭게 오가는 나만의 문해력이 완성돼요!

개념 다지기

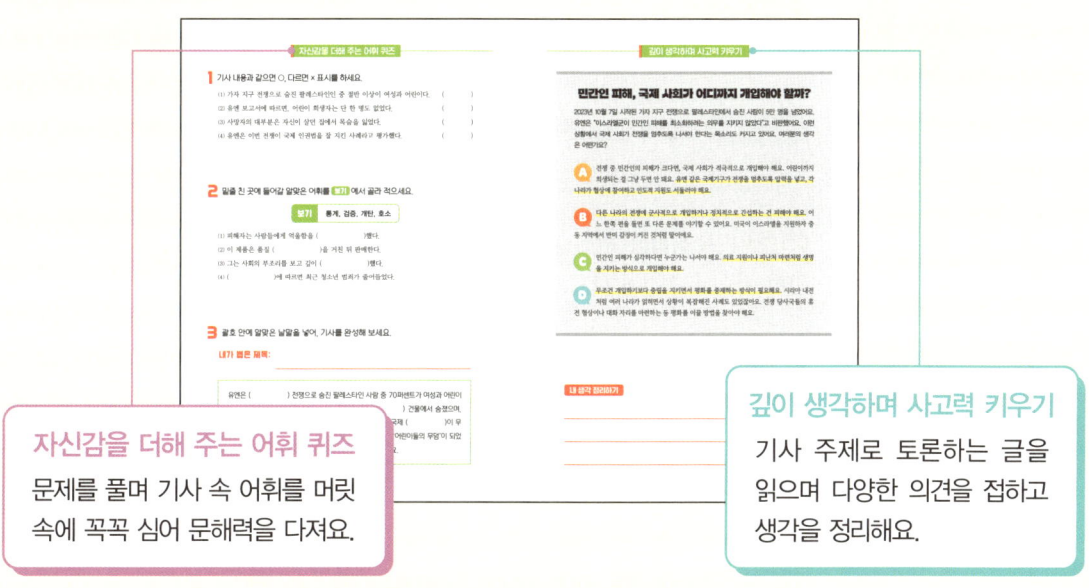

자신감을 더해 주는 어휘 퀴즈
문제를 풀며 기사 속 어휘를 머릿속에 꼭꼭 심어 문해력을 다져요.

깊이 생각하며 사고력 키우기
기사 주제로 토론하는 글을 읽으며 다양한 의견을 접하고 생각을 정리해요.

다양한 형식의 글 접하기

이해력을 키우는 배경지식
작품의 배경과 의미를 살펴봐요.

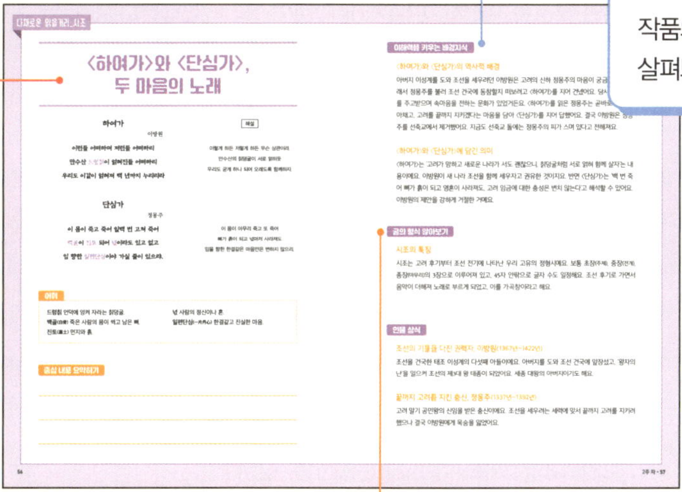

다채로운 읽을거리
시조, 연설문, 고전 소설, 판소리 등 여러 형식의 글을 만나요.

글의 형식 알아보기
글의 형식마다 다른 특징을 살펴봐요.

차례

1주차

#숏핑
#노벨상
#인공광합성
#가자지구전쟁
#플라스틱
#신문기사

쇼핑도 짧고 빠르게!
지금은 숏핑 시대

초등학교 6학년 개암이는 유튜브 쇼트에서 '동화책 리뷰' 영상을 보고 아빠에게 책을 사 달라고 했어요. 아빠는 영상 하단에 있는 링크를 눌러 바로 책을 주문했지요.

최근 이 커머스 시장에서는 '숏핑(Short-pping)'이 인기를 끌고 있어요. 숏핑은 '쇼트 폼(Short-form)'과 '쇼핑(Shopping)'을 합친 말로, 1분 미만의 짧은 영상으로 물건을 판매하고 구매하는 방식이에요. 유튜브 쇼트, 인스타그램 릴스, 틱톡 등을 보다가 마음에 드는 상품을 바로 사는 거예요.

판매자는 짧은 시간에 여러 상품을 노출할 수 있고, 소비자는 상품을 고르는 데 시간을 많이 할애하지 않아도 돼서 숏핑은 더 활발해지는 추세예요. 아마존은 "영상을 본 사람이 그렇지 않은 사람보다 물건을 살 확률이 3.6배 높다"고 말했어요. 실제로 국내 이 커머스 업체 네이버, 쿠팡, 카카오는 숏핑으로 매출이 크게 늘었고, 홈쇼핑 업계도 쇼트 폼이 먼저 보이도록 앱 화면을 바꾸었어요.

숏핑을 주로 이용하는 사람은 10~20대예요. 쇼트 폼을 자주 보는 사람이 숏핑으로 유입되는 거예요. 자주 검색한 물건이 알고리즘 때문에 쇼트 폼에 떠서 고민 없이 사는 경우도 많아요. 경제 전문가들은 "자극적이고 강렬한 영상 때문에 충동구매하기 쉽다"며 "필요한지 잘 생각하고 사야 쓸데없는 지출을 줄일 수 있다"고 조언했어요.

알쏭달쏭 어휘 사전

· 노출(露出) 겉으로 드러냄.
· 할애(割愛) 시간이나 돈 등을 기꺼이 내어 줌.
· 추세(趨勢) 어떤 현상이 일정한 방향으로 나아가는 흐름.

· 유입(流入) 사람이나 물건이 한곳으로 들어옴.
· 충동구매(衝動購買) 물건 등을 살 필요나 계획이 없었는데 갑자기 사고 싶어져서 사는 일.

이 커머스란?

이 커머스(E-Commerce)는 '전자'를 뜻하는 일렉트로닉(Electronic)과 '거래'를 뜻하는 커머스(Commerce)를 합친 말로, 온라인에서 물건이나 서비스를 사고파는 것을 뜻해요. 우리말로는 전자 상거래라고 하죠. 우리가 흔히 이용하는 온라인 쇼핑몰이 여기에 속해요. 더 넓게는 단순한 물건 판매뿐만 아니라, 소비자가 물건을 사도록 이끄는 마케팅 활동까지 포함해요. 덕분에 매장에 가지 않아도 쉽게 물건을 살 수 있고, 가격도 오프라인보다 저렴한 편이에요.

1분 안에 끝내는 쇼트 폼

쇼트 폼은 보통 1분 내외로 편집한 짧은 영상을 말해요. 요즘은 긴 원본 영상 대신 1분짜리 요약 영상을 찾는 사람이 늘고 있어요. 드라마의 하이라이트만 모은 '숏드', 노래의 클라이맥스 부분만 들려 주거나 배속을 빠르게 조절한 '숏송'도 유행하지요. 쇼트 폼은 새로운 콘텐츠를 쉽고 빠르게 접할 수 있어 기업들이 마케팅에 적극 활용해요. 하지만 짧고 강렬한 영상을 반복해서 보다 보면 중독되기 쉬워 주의가 필요해요.

#틱톡이 사게 했어 #TikTokMadeMeBuyIt

소셜 미디어에서 한때 '#TikTokMadeMeBuyIt(틱톡이 사게 했어)'이라는 해시태그가 크게 유행했어요. 틱톡에서 물건을 사고 직접 사용해 본 뒤 후기를 남기며 이 해시태그를 붙이는 거예요. 많은 사람이 기업 광고보다 인기 크리에이터의 사용 후기를 더 믿어요. 좋아하는 인플루언서를 따라 물건을 사기도 하고요. 이 해시태그는 짧은 영상이 광고이자 후기를 공유하는 수단이 되었다는 걸 보여 줘요. 숏핑은 이제 단순한 소비를 넘어, 재미와 정보를 얻고 유행까지 즐기는 하나의 놀이 문화가 되었어요.

더 생각해 보기

허위·과대광고는 처벌을 받을까?

인터넷 쇼핑이 유행하면서 온라인에는 수많은 광고가 쏟아져요. 그중에는 실제와 다르거나 지나치게 성능을 부풀린 제품 소개도 있어요. 이를 허위·과대광고라고 해요. 이런 광고는 공정 거래법에 따라 처벌을 받아요. 광고를 믿고 제품을 샀다가 효과를 못 보거나 피해를 입는 경우도 적지 않아요. 그래서 제품을 살 땐 인증 여부나 공식 쇼핑몰과의 차이 등을 꼼꼼히 살펴야 해요. 허위·과대광고 신고는 국민권익위원회(110 또는 1398)에 하면 돼요.

1 기사 내용과 같으면 ○, 다르면 × 표시를 하세요.

(1) 숏핑은 쇼트 폼(Short-form)과 쇼핑(Shopping)을 합친 말이다. ( )

(2) 판매자는 짧은 시간에 여러 상품을 노출할 수 있고, 소비자는 상품 고르는 데 시간을 적게 할애할 수 있는 것이 숏핑의 특징이다. ( )

(3) 숏핑을 자주 이용하는 연령층은 30~40대다. ( )

(4) 숏핑은 자극적이고 강렬한 영상 때문에 충동구매 할 가능성이 크다. ( )

2 밑줄 친 곳에 들어갈 알맞은 어휘를 **보기** 에서 골라 적으세요.

보기 노출, 할애, 추세, 유입

(1) 환경 보호 때문에 일회용 컵 대신 텀블러를 쓰는 사람이 늘어나는 ( )다.

(2) 발표회에서 우리에게 ( )된 시간은 단 30분이다.

(3) 햇볕에 장시간 ( )되면 피부가 빨갛게 탄다.

(4) 공장 폐수가 강으로 ( )되었다.

3 괄호 안에 알맞은 낱말을 넣어, 기사를 완성해 보세요.

내가 뽑은 제목:

_____

최근 ( ) 시장에서 '( )'이 인기를 끌고 있어요. 숏핑은 쇼트 폼과 쇼핑을 합친 말로, 1분 미만의 짧은 ( )으로 물건을 판매하고 구매하는 방식이에요. 판매자는 짧은 시간에 여러 상품을 노출할 수 있고, 소비자는 상품을 고르는 데 많은 시간을 ( )하지 않아도 돼서 숏핑은 더욱 활발해지고 있어요.

숏핑, 판매자와 구매자 모두에게 이로운 방식일까?

쇼트 폼은 사람의 관심사에 맞춰 영상을 골라 보여 줘요. 덕분에 사람들은 자기 취향에 딱 맞는 새로운 제품이나 브랜드를 발견하고, 갖고 싶은 마음이 들면 바로 사기도 해요. 이것을 '숏핑'이라고 해요. 그런데 숏핑은 정말 판매자와 소비자 모두에게 이로운 쇼핑 방식일까요?

A 백화점이나 마트에 직접 가서 물건을 찾을 필요 없이, 스마트폰만 있으면 언제 어디서든 원하는 상품을 살 수 있으니 구매자 입장에서는 무척 편리해요. 게다가 짧은 영상으로 제품의 특징을 빠르게 파악할 수 있고 간편하게 쇼핑할 수 있죠.

B 숏핑 영상은 TV 광고 같은 다른 매체보다 제작비가 적게 들지만, 온라인에서의 파급 효과는 훨씬 커요. 판매자에게도 매우 효율적인 광고 수단이에요.

C 하지만 영상이 짧아 제품의 단점이나 자세한 정보를 충분히 보여 주지 못하기 때문에, 소비자가 제대로 판단하고 선택하기가 어려워요. 눈길을 끌기 위해 자극적이고 과장된 표현을 쓰면 소비자가 오해하거나 충동구매할 가능성도 높죠.

D 판매자 간 경쟁이 워낙 치열하다 보니, 제품의 질보다 영상의 화제성을 더 중시하게 돼요. 그러다 보면 브랜드 신뢰도가 점점 떨어지고, 결국 판매자에게도 좋지 않은 결과를 가져올 수 있어요.

내 생각 정리하기

_____

_____

_____

소설가 한강,
한국 최초 노벨 문학상 수상!

스웨덴 한림원은 2024년 노벨 문학상 수상자로 한국 작가 한강을 선정했다고 발표했어요. 이로써 대한민국은 처음으로 노벨 문학상 수상 작가를 **배출**하는 **쾌거**를 이뤘지요. 한국의 노벨상 수상은 2000년 김대중 전 대통령의 노벨 평화상 이후 24년 만이에요. 특히 한강 작가의 수상은 아시아 여성 작가로는 최초라는 점에서 더 뜻깊어요.

그동안 노벨 문학상은 주로 서구 백인 남성 작가들에게 주어졌어요. 하지만 요즘은 유럽·북미를 넘어 다양한 나라와 여성 작가들로 수상 범위가 넓어지고 있어요. 노벨 문학상 위원회는 매년 약 220명의 후보 중에서, 작가의 특정 작품이 아닌 전체 활동을 평가해 수상자를 뽑아요. 한림원은 한강 작가를 수상자로 선정한 이유를 "역사적 상처를 바로 보고, 인간 삶의 연약함을 드러내는 강렬한 시적 산문을 선보였다"라고 밝혔어요. 이번 수상은 한국 문학에 큰 **이정표**를 세웠다고 평가받아요.

한강 작가는 국내외에서 꾸준히 주목받아 왔어요. 2016년 한국인 최초로 《채식주의자》란 책으로 영국의 **권위** 있는 맨부커 인터내셔널상을 받았고, 2023년에는 《작별하지 않는다》로 프랑스 메디치 외국문학상도 받았지요. 이번 노벨 문학상 수상 소식에 전 국민은 한마음으로 기뻐했어요. 한강 작가의 책을 사려는 사람들로 서점은 **북새통**을 이뤘고, 온라인 서점은 서버가 마비될 정도였어요.

알쏭달쏭 어휘 사전

· **배출**(輩出) 뛰어난 사람이 잇따라 나옴.
· **쾌거**(快擧) 기쁘고 자랑스러운 일.
· **이정표**(里程標) 어떤 일의 기준이나 중요한 계기.

· **권위**(權威) 일정한 분야에서 사회적으로 인정받을 만한 지식이나 기술.
· **북새통** 많은 사람이 몰려 시끄럽고 어수선한 상황.

다이너마이트 발명가가 만든 상, 노벨상

노벨상은 스웨덴 화학자 알프레드 노벨의 유언에 따라 만들어졌어요. 다이너마이트를 발명해 큰 부를 쌓은 노벨은 인류에 크게 공헌한 사람에게 매년 상을 주라고 유언하며 전 재산을 기부했어요. 이에 따라 1900년 노벨 재단이 세워졌고, 이듬해부터 노벨상을 수여해 왔어요. 노벨상은 물리학, 화학, 생리·의학, 문학, 평화, 경제학 여섯 분야에서 시상하며, 수상자에게 메달과 증서, 상금 1,100만 크로나(한화 약 14억 3천만 원)를 줘요.

한국 문학은 왜 세계에서 주목받을까?

2003년 오정희 작가의 《새》가 독일 리베라투르상을 받은 이래로 2015년까지 한국 문학의 해외 수상은 16번에 그쳤어요. 그런데 2016년부터 한강을 비롯해 편혜영, 정보라 등의 작가들이 해외 주요 문학상 후보에 오르거나 수상하면서 한국 문학이 주목받기 시작했지요. 이는 한류 문화가 세계로 퍼진 덕분이에요. 또 전쟁, 분단, 빈부 격차 같은 다양한 사회 문제를 다루고, 한국어 작품을 예전보다 더 쉽게 번역할 수 있게 된 점도 영향을 미쳤어요.

우리나라 노벨상 수상자는 누구일까?

노벨 위원회 기록에 따르면 한국의 노벨상 수상자는 세 명이에요. 김대중 대통령, 한강 작가 외 한 명은 누구일까요? 바로 1987년에 노벨 화학상을 받은 찰스 존 피더슨이에요. 피더슨은 '크라운 에테르'라는 유기 화합물을 발견한 미국 국적의 화학자예요. 그런데 왜 한국 수상자로 기록됐을까요? 노벨상은 국적이 아닌 출생지를 기준으로 표기하기 때문에, 1904년 부산에서 태어난 피더슨이 한국 출신으로 남아 있는 거예요.

더 생각해 보기

'이그노벨상'은 무엇일까?

1991년, 미국 하버드대학교에서 노벨상에 빗대어 만든 '이그노벨상'은 세상에서 가장 재미있는 과학상이에요. 사람들에게 웃음을 주면서 생각하게 만드는 연구를 한 과학자에게 주어져요. 그동안 포유류가 항문으로 숨 쉴 수 있다는 연구, 루마니아 지폐가 가장 많은 박테리아를 품고 있다는 연구, 코뿔소를 헬기에 거꾸로 매달아 옮기는 게 더 편하다는 걸 밝힌 연구 등이 이그노벨상을 수상했어요.

1 기사 내용과 같으면 ○, 다르면 × 표시를 하세요.

(1) 한강 작가의 노벨상 수상은 김대중 전 대통령 이후 24년 만이다. ( )

(2) 아시아 여성이 노벨상을 받은 것은 한강 작가가 최초다. ( )

(3) 노벨 문학상은 그동안 여러 인종의 작가들이 돌아가며 받았다. ( )

(4) 노벨 문학상 위원회는 매년 약 220명 후보 중 최종 수상자를 뽑는다. ( )

2 밑줄 친 곳에 들어갈 알맞은 어휘를 보기 에서 골라 적으세요.

> **보기** 쾌거, 북새통, 권위, 이정표

(1) 우리 팀은 이번 대회에서 우승이라는 ( )를 이루었다.

(2) 이 책은 학계에서 높은 ( )를 인정받고 있다.

(3) 명절이 다가오자 시장은 사람들로 ( )을 이뤘다.

(4) 그날의 만남은 내 인생의 ( )가 되었다.

3 괄호 안에 알맞은 낱말을 넣어, 기사를 완성해 보세요.

내가 뽑은 제목:

_____

> 한국의 노벨상 수상은 2000년 김대중 전 대통령의 ( )에 이어 24년 만
> 이에요. 한강 작가는 ( ) 여성 작가 최초로 수상했다는 점에서 더 뜻깊어
> 요. 그동안 노벨 문학상은 주로 서구 백인 남성 작가들이 받았지만, 최근에는 유럽과
> 북미 출신이 아닌 다양한 나라와 ( )들로 ( ) 범위가 넓어지고
> 있어요.

노벨상 수상자 선정 과정, 공정할까?

앞서 한강 작가의 노벨 문학상 수상 기사에는 '노벨 문학상은 주로 서구 백인 남성 작가들이 받았다'는 내용이 나와요. 그만큼 서구도, 백인도, 남성도 아닌 작가들은 수상하기 어려웠죠. 이런 일은 문학상뿐 아니라 다른 분야의 상에서도 자주 벌어졌어요. 그래서 사람들은 노벨상 선정 과정이 정말 공정한지 의문을 품었어요.

A 노벨상은 권위 있는 상이에요. 인종이나 정치적인 편견에 치우쳐 수상자를 선정한다고는 생각하지 않아요. 마리 퀴리처럼 노벨상을 두 번이나 받은 여성도 있어요. 공정하지 않다는 건 오해예요.

B 노벨상은 잘 알려진 사람이 받을 거라 생각하지만, 꼭 그렇지 않아요. 우리가 잘 아는 인도의 마하트마 간디는 여러 차례 노벨 평화상 후보에 올랐지만 끝내 수상하지 못했어요. 노벨 위원회 위원장은 이를 두고 간디의 업적을 제대로 알지 못해 벌어진 최악의 실수라고 했어요.

C 노벨상은 살아 있는 사람만 받을 수 있고, 최대 세 명까지만 공동으로 수상할 수 있어요. 그래서 중요한 업적을 남기고도 상을 받지 못한 경우도 있죠. 이런 낡은 선정 기준은 시대에 맞게 바뀌어야 한다고 생각해요.

D 여성 과학자 리제 마이트너는 다른 두 사람과 함께 핵분열의 원리를 밝혔지만, 노벨상은 받지 못했어요. 반면 공동 연구자였던 오토 한이란 남성 과학자는 노벨 화학상을 받았죠. 이것이 노벨상이 여성을 차별한다는 증거 아닐까요?

내 생각 정리하기

인공 광합성, 탄소 중립의 열쇠 될까?

중국은 지난 2025년 1월 18일, 세계 최초로 우주에서 인공 광합성 실험에 성공했다고 발표했어요. 중국 우주인들은 톈궁 우주 정거장에서 모두 12번의 실험을 진행했지요.

이번 실험에서는 반도체로 만든 촉매 물질을 이용해 이산화 탄소와 물로 산소를 만들고, 로켓 연료로 쓰는 메탄과 에탄올도 생산했어요. 장거리 우주 탐사에 꼭 필요한 기술을 현실로 만든 셈이에요.

인공 광합성은 식물의 광합성에서 착안한 기술이에요. 과학자들은 식물이 빛을 받아 이산화 탄소를 에너지로 바꾸는 과정을 연구하며, 이산화 탄소를 유용한 물질로 전환하려고 애써 왔어요. 최근에는 미국 캘리포니아대학교 연구팀이 햇빛 없이 식량을 만드는 인공 광합성 기술을 개발하기도 했어요.

오늘날 탄소 중립은 전 세계가 가장 중요하게 여기는 환경 목표예요. 인공 광합성이 주목받는 이유는 '탄소 중립 연료'를 만들 수 있기 때문이에요. 연료를 태울 때 생기는 이산화 탄소를 다시 포집해 연료로 바꾸면, 탄소 배출을 늘리지 않고 계속 쓸 수 있는 친환경 에너지가 되지요.

알쏭달쏭 어휘 사전

· **반도체(半導體)** 스마트폰, 컴퓨터, 가전제품 등 전자 기기의 핵심 부품을 만드는 데 쓰이는 물질.
· **촉매(觸媒)** 자신은 변하지 않으면서 다른 물질의 화학 반응 속도를 조절하는 일이나 물질.

· **착안(着眼)** 문제를 해결할 실마리를 찾음.
· **전환(轉換)** 다른 상태나 방향으로 바꿈.
· **포집(捕執)** 어떤 물질에서 필요한 성분을 골라 모음.

식물의 광합성 과정

식물 잎에 있는 엽록체는 햇빛을 흡수해 물과 이산화 탄소로 포도당과 산소를 만들어요. 이 과정을 '광합성'이라고 해요. 동물이 다른 생물을 섭취해 영양분을 얻는 것과 달리, 식물은 광합성을 하며 스스로 양분을 만들지요. 이것이 동물과 식물의 가장 큰 차이예요. 광합성은 엽록체 속 엽록소에서 일어나요. 엽록소가 햇빛을 받아 에너지를 만들면, 이 에너지가 다시 포도당으로 바뀌어요. 포도당은 줄기를 따라 뿌리나 열매로 이동해 필요한 곳에 쓰여요. 이때 산소도 함께 만들어져 공기가 맑아지는 거예요.

탄소 중립과 탄소 포집 기술

탄소 중립은 이산화 탄소 배출을 줄이고, 이미 배출된 것은 흡수하거나 제거해 탄소의 총배출량을 '0'으로 만드는 거예요. 이를 위해 탄소 포집 기술을 사용해요. 탄소 포집은 자연 포집과 인공 포집으로 나뉘어요. 자연 포집은 나무, 숲, 갯벌, 바다 등 생태계가 스스로 탄소를 흡수하는 작용이고, 인공 포집은 기계나 화학 공정으로 대기 중 탄소를 모아 처리하는 기술이에요. 인공 광합성은 이산화 탄소를 에너지나 유용한 물질로 바꾸는 인공 포집 기술이에요.

동식물에서 배우는 생체 모방 기술

동식물의 구조나 기능에서 아이디어를 얻어 개발한 기술을 '생체 모방 기술'이라고 해요. 벨크로 테이프는 엉겅퀴 씨앗의 갈고리 구조를 본떠 만들었고, 수영복은 상어 비늘을 참고해 제작했어요. 연잎 표면에서 착안해 방수 효과가 뛰어난 신소재를 만든 사례도 있어요. 인공 광합성 역시 식물을 본떠 개발한 생체 모방 기술이에요.

더 생각해 보기

우주 농업, 어디까지 왔을까?

우주 농업은 무중력 상태의 우주에서 작물을 재배하는 기술이에요. 화성이나 달에 정착하려면 꼭 필요하지요. 국제우주정거장에서는 오래전부터 다양한 실험을 진행했어요. 최근 나사(NASA)는 화성에서 감자 재배를 시도하고 있어요. 우주 농업에는 공간을 적게 차지하고, 빨리 자라며 영양가가 높은 작물이 적합해요. 상추, 시금치, 대두, 고추, 토마토 등은 이미 재배에 성공했어요. 지금은 쌀, 밀, 감자 같은 주식과 딸기, 블루베리 같은 비타민이 풍부한 작물 재배를 연구 중이에요.

1 기사 내용과 같으면 ○, 다르면 × 표시를 하세요.

(1) 인공 광합성은 식물의 광합성에서 아이디어를 얻었다. ( )

(2) 인공 광합성 실험은 미국이 처음 성공했다. ( )

(3) 반도체로 만든 촉매 물질을 이용해 산소뿐 아니라 연료도 만들 수 있다. ( )

(4) 인공 광합성 기술을 쓰면 탄소를 많이 배출한다. ( )

2 밑줄 친 곳에 들어갈 알맞은 어휘를 보기 에서 골라 적으세요.

보기 | 촉매, 반도체, 착안, 포집

(1) ( )는 전기를 조절하는 중요한 부품이다.

(2) 공기 청정기는 공기 중의 먼지를 ( )하는 기능이 있다.

(3) 그는 작은 아이디어에 ( )해 발명을 시작했다.

(4) 효소는 화학 반응을 돕는 ( ) 역할을 한다.

3 괄호 안에 알맞은 낱말을 넣어, 기사를 완성해 보세요.

내가 뽑은 제목:

_____

중국이 세계 최초로 우주에서 ( ) 실험에 성공했어요. 반도체로 만든 ( ) 물질을 활용해 이산화 탄소와 물로 산소와 연료를 만들었지요. 이 기술은 식물의 ( )에서 착안했어요. 앞으로 연료를 태울 때 생기는 이산화 탄소를 다시 포집해 연료로 만들면, 탄소 배출을 늘리지 않는 ( ) 에너지가 될 수 있어요.

과학 기술, 무조건 발전시켜야 할까?

과학만능주의는 환경 오염, 자원 고갈, 전염병, 기후 위기 같은 오늘날 인류가 겪는 수많은 문제를 과학이 모두 해결해 줄 것이라 믿는 태도예요. 과연 과학 기술이 고도로 발전한 미래는 아무 문제가 없을까요? 여러분의 생각은 어떤가요?

A 과학 기술이 발전해도 여전히 풀리지 않는 문제가 많아요. 과학은 완벽하지 않고, 여전히 발전하는 중이죠. 그래서 우리는 과학을 신중하게, 도구로서 어떻게 써야 할지 늘 생각해야 해요.

B 과학이 해결하지 못한 문제도 있지만, 과학 기술이 가져다준 이점이 훨씬 많다는 건 분명한 사실이에요.

C 과학은 어디까지나 인간을 위해 존재해야 해요. 한때 농약으로 널리 쓰였던 '디디티(DDT)'를 보세요. 결국 생태계는 물론 인간에게도 치명적이라는 사실이 밝혀져 사용이 금지됐죠. 과학이 생명을 위협할 수도 있다는 걸 잊지 말아야 해요.

D 과학 기술의 발전에는 늘 윤리 문제가 따라요. 유전자 조작으로 유전병 없는 아이가 태어날 수 있지만, 아이의 의사 확인 없이 생명을 조작하는 건 윤리적으로 큰 논란이 될 수 있어요. 그래서 과학자들은 누구보다 윤리적인 문제와 위험을 항상 고민해야 해요.

내 생각 정리하기

가자 지구,
국제 인권법이 무너진다

팔레스타인과 이스라엘의 가자 지구 전쟁이 1년 넘게 이어지고 있어요. 2024년 유엔 인권최고대표사무소(UN OHCHR)는 가자 지구의 인권 상황을 조사한 보고서를 발표했어요.

보고서에 따르면 가자 지구 전쟁으로 숨진 팔레스타인 사람 중 여성과 어린이가 70퍼센트를 차지했어요. 유엔은 이 **통계**를 근거로 국제 인권법의 근본 원칙이 무너지고 있다고 **지적**했어요. 전쟁 중에도 민간인을 보호해야 한다는 원칙이 지켜지지 않았기 때문이에요.

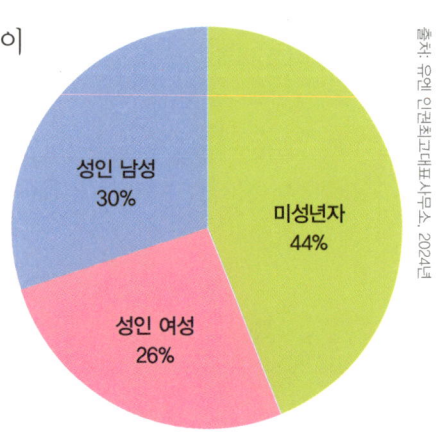

성인 남성 30%
미성년자 44%
성인 여성 26%

가자 지구 주거용 건물 내 사망자 비율

출처: 유엔 인권최고대표사무소, 2024년

유엔이 **검증**한 팔레스타인 사망자는 총 8,119명이에요. 이 가운데 7,607명은 자신이 살던 집이나 아파트 같은 주거용 건물에서 희생됐어요. 이 중 44퍼센트가 미성년자, 26퍼센트가 성인 여성, 30퍼센트가 성인 남성이었어요. 가장 어린 희생자는 태어난 지 하루 만에 사망한 남자 아기였어요.

필립 라자리니 유엔 팔레스타인구호기구 사무총장은 가자 지구가 "어린이들의 무덤"이 되었다고 **개탄**했어요. 그는 "팔레스타인 어린이들은 안전은 물론, 교육권과 놀 권리까지 빼앗겼다"고 **호소**했어요.

알쏭달쏭 어휘 사전

· **통계**(統計) 어떤 현상을 체계에 따라 수치로 나타냄.
· **지적**(指摘) 잘못이나 문제를 짚어 냄.
· **검증**(檢證) 사실인지 검사해 확인함.

· **개탄**(慨歎) 안타깝고 분해 한숨지음.
· **호소**(呼訴) 억울한 사정을 간절히 말하여 도움을 청함.

가자 지구 전쟁, 왜 이렇게 오래갈까?

2023년 10월 7일, 팔레스타인 무장 단체 하마스가 이스라엘을 공격하며 전쟁이 시작됐어요. 이스라엘은 반격했고, 전쟁은 지금도 계속되고 있어요(2025년 기준). 전쟁이 길어지는 이유는 하마스를 없애려는 이스라엘의 목표와 팔레스타인 주민을 보호하라는 국제 사회의 요구가 충돌해 작전이 지연되고 복잡해졌기 때문이에요. 가자 지구는 좁은 땅에 많은 민간인이 살아 민간인 피해 없이 전투를 치르기도 어려워요. 무엇보다 양측이 깊은 불신과 갈등을 안고 있어 쉽게 끝나기 어려운 상황이지요.

팔레스타인 가자 지구는 어디일까?

팔레스타인은 서아시아 끝, 지중해와 맞닿은 지역이에요. 기원전 2000년경 유대인이 이곳에서 살다가 로마 시대에 쫓겨났어요. 그러다 19세기 후반에 다시 돌아오면서 그곳에 살던 이슬람 주민과 갈등이 시작됐지요. 제2차 세계 대전 후 유엔은 이 땅을 유대인 국가와 이슬람 국가로 나누자고 제안했지만, 양쪽 모두 거부했어요. 결국 1948년 유대인이 먼저 이스라엘을 세웠고, 이슬람 주민은 1988년 팔레스타인 자치 정부를 세워 2013년 '팔레스타인국'을 선언했어요. 팔레스타인 가자 지구와 서안 지구는 이스라엘에 둘러싸여 서로 떨어져 있어요.

세계는 가자 지구 전쟁에 어떻게 반응할까?

전 세계 여러 국가와 국제기구들은 가자 지구 전쟁을 막기 위해 힘쓰고 있어요. 유엔은 전쟁을 즉시 멈추고 부상자에게 의료와 식량을 지원하자고 촉구했어요. 영국 등 일부 국가는 무기 수출을 중단했고, 유럽·남미·아시아 곳곳에서 다양한 시위가 이어지고 있어요. 어떤 이들은 하마스가 납치한 인질을 석방하라고 요구하고, 또 어떤 이들은 이스라엘의 과도한 공격을 비난하며 팔레스타인 어린이를 보호하라고 외쳐요. 하지만 모두 하루빨리 전쟁이 끝나길 바라는 마음은 같아요.

더 생각해 보기

전쟁 속 어린이의 권리는 어떻게 지켜질까?

유엔은 어린이의 인권을 보호하기 위해 '아동권리협약'을 만들었어요. 전 세계 196개국이 지키는 국제 협약이에요. 여기에는 '어떤 상황에서도 어린이는 폭력과 학대, 전쟁에서 보호받아야 한다' '전쟁 중에도 생존권, 교육권, 건강권, 놀이권이 보장돼야 한다'라는 내용이 담겨 있어요. 국제 사회는 협약에 따라 전쟁 피해를 입기 쉬운 어린이를 지키고자 대피 시설과 의료·교육 서비스를 지원해요. 전쟁 속에서도 어린이의 권리는 반드시 지켜져야 해요.

1 기사 내용과 같으면 ○, 다르면 × 표시를 하세요.

⑴ 가자 지구 전쟁으로 숨진 팔레스타인인 중 절반 이상이 여성과 어린이다.　　（　　　）

⑵ 유엔 보고서에 따르면, 어린이 희생자는 단 한 명도 없었다.　　（　　　）

⑶ 사망자의 대부분은 자신이 살던 집에서 목숨을 잃었다.　　（　　　）

⑷ 유엔은 이번 전쟁이 국제 인권법을 잘 지킨 사례라고 평가했다.　　（　　　）

2 밑줄 친 곳에 들어갈 알맞은 어휘를 **보기** 에서 골라 적으세요.

보기　통계, 검증, 개탄, 호소

⑴ 피해자는 사람들에게 억울함을 （　　　　　　）했다.

⑵ 이 제품은 품질 （　　　　　　）을 거친 뒤 판매한다.

⑶ 그는 사회의 부조리를 보고 깊이 （　　　　　　）했다.

⑷ （　　　　　　）에 따르면 최근 청소년 범죄가 줄어들었다.

3 괄호 안에 알맞은 낱말을 넣어, 기사를 완성해 보세요.

내가 뽑은 제목:

유엔은 （　　　　　　） 전쟁으로 숨진 팔레스타인 사람 중 70퍼센트가 여성과 어린이라고 밝혔어요. 사망자의 대부분은 자신이 살던 （　　　　　　） 건물에서 숨졌으며, 가장 어린 희생자는 태어난 지 하루 된 아기였어요. 유엔은 국제 （　　　　　　）이 무너졌다고 지적했고, 필립 라자리니 사무총장은 가자 지구가 '어린이들의 무덤'이 되었다며 아이들의 권리를 되찾아야 한다고 （　　　　　　）했어요.

민간인 피해, 국제 사회가 어디까지 개입해야 할까?

2023년 10월 7일 시작된 가자 지구 전쟁으로 팔레스타인에서 숨진 사람이 5만 명을 넘었어요. 유엔은 "이스라엘군이 민간인 피해를 최소화하려는 의무를 지키지 않았다"고 비판했어요. 이런 상황에서 국제 사회가 전쟁을 멈추도록 나서야 한다는 목소리도 커지고 있어요. 여러분의 생각은 어떤가요?

A 전쟁 중 민간인의 피해가 크다면, 국제 사회가 적극적으로 개입해야 해요. 어린이까지 희생되는 걸 그냥 두면 안 돼요. 유엔 같은 국제기구가 전쟁을 멈추도록 압력을 넣고, 각 나라가 협상에 참여하고 인도적 지원도 서둘러야 해요.

B 다른 나라의 전쟁에 군사적으로 개입하거나 정치적으로 간섭하는 건 피해야 해요. 어느 한쪽 편을 들면 또 다른 문제를 야기할 수 있어요. 미국이 이스라엘을 지원하자 중동 지역에서 반미 감정이 커진 것처럼 말이에요.

C 민간인 피해가 심각하다면 누군가는 나서야 해요. 의료 지원이나 피난처 마련처럼 생명을 지키는 방식으로 개입해야 해요.

D 무조건 개입하기보다 중립을 지키면서 평화를 중재하는 방식이 필요해요. 시리아 내전처럼 여러 나라가 얽히면서 상황이 복잡해진 사례도 있었잖아요. 전쟁 당사국들의 휴전 협상이나 대화 자리를 마련하는 등 평화를 이끌 방법을 찾아야 해요.

내 생각 정리하기

플라스틱 재활용률, 10퍼센트도 안 된다!

전 세계 플라스틱 생산량은 해마다 늘지만, 재활용률은 10퍼센트도 되지 않아요. 2025년 4월, 중국 칭화대 연구팀은 2022년 전 세계 플라스틱의 생산과 사용, **폐기** 과정을 분석해 발표했어요. 이에 따르면 전 세계 플라스틱 생산량은 1950년 200만 톤에서 2022년 4억 톤으로, **연평균** 8.4퍼센트씩 증가했어요. 이 추세라면 2050년에는 8억 톤에 이를 것으로 보여요.

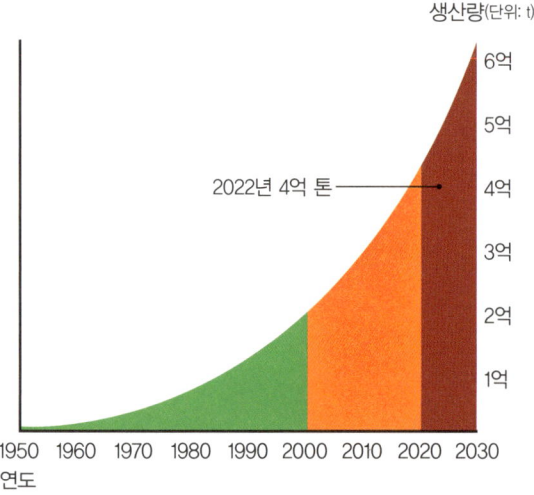

전 세계 플라스틱 생산량

2022년에 생산된 4억 톤 중 재활용 소재로 만든 플라스틱은 전체의 9.5퍼센트, 약 3천 8백만 톤에 불과했어요. 반면 같은 해 버려진 플라스틱은 약 2억 7천만 톤으로, 대부분 **매립**되거나 **소각**돼 재활용되지 않았어요.

2022년 기준 플라스틱을 가장 많이 생산하고 소비한 나라는 중국이에요. 하지만 연간 1인당 플라스틱 소비량은 미국이 216킬로그램으로 가장 많았고, 일본(129킬로그램)과 유럽연합(85.6킬로그램)이 뒤를 이었어요.

칭화대 연구팀은 "플라스틱 때문에 발생하는 오염을 줄이고 재활용률을 높이기 위해 플라스틱의 흐름을 분석했다"며 "**향후** 지속 가능한 관리와 성책을 세우는 데 중요한 사료가 될 것"이라고 밝혔어요.

알쏭달쏭 어휘 사전

· **폐기**(廢棄) 쓸모없는 것을 버림.
· **연평균**(年平均) 1년 동안의 평균.
· **매립**(埋立) 땅이나 물을 흙이나 돌로 메움.

· **소각**(燒却) 불에 태워 없앰.
· **향후**(向後) 바로 뒤에 이어지는 때나 차례.

플라스틱은 왜 재활용률이 낮을까?

플라스틱은 페트병(PET), 뚜껑(PP), 비닐봉지(PE) 등 재질에 따라 종류가 매우 다양해요. 재질이 각기 다르면 녹는 온도와 성질이 달라 재활용 효율이 떨어지지요. 음식물 찌꺼기나 기름이 묻어도 재활용이 힘들어요. 깨끗하게 분리·세척하지 않으면 결국 쓰레기가 되지요. 특히

'OTHER' 표시가 있는 복합 재질이나 펌프형 용기는 선별장에서 그대로 폐기되기 쉬워요. 분리와 선별에 드는 비용과 시간을 고려하면, 새 플라스틱을 만드는 게 더 간단하고 저렴해 재활용이 잘 이뤄지지 않아요.

플라스틱이 위험한 이유

많은 쓰레기 가운데 플라스틱이 환경 오염의 가장 큰 원인으로 꼽히는 이유는 잘 썩지 않기 때문이에요. 특히 5밀리미터 이하의 미세 플라스틱은 토양과 바다로 흘러 들어가 동식물은 물론, 먹이 사슬을 따라 결국 사람 몸속까지 들어와요. 우리가 모르는 사이 쌓인 미세 플라스틱은 건강을 해치지요. 게다가 플라스틱을 만들고 폐기하는 과정에서 많은 온실가스와 유해 물질이 나와 대기 오염을 일으켜요.

플라스틱 100퍼센트 재활용 선언한 호주

호주 정부는 2040년까지 플라스틱 폐기물을 100퍼센트 재활용·재사용하겠다고 밝혔어요. 지금 호주에서는 매년 약 100만 톤의 플라스틱이 나오는데, 실제로 재활용하거나 재사용하는 건 16퍼센트에 불과해요. 그래서 호주는 불필요한 플라스틱 포장재를 줄이며 다양한 재활용 기술을 개발하는 데 힘쓰고 있어요.

더 생각해 보기

일상에서 미세 플라스틱을 줄이려면?

우리는 알게 모르게 미세 플라스틱을 섭취하고 있어요. 플라스틱병에 든 음료는 물론, 과일이나 해산물에도 미세 플라스틱이 섞여 있지요. 계산해 보면 매주 신용 카드 한 장만큼의 플라스틱을 먹는 셈이에요. 이를 피하려면 플라스틱 사용을 줄이는 게 중요해요. 뜨거운 음식이나 음료를 플라스틱 용기에 담지 마세요. 열이 닿으면 미세 플라스틱이 더 잘 나오거든요. 전자레인지에는 플라스틱 대신 다른 용기를 쓰고, 일회용 컵 대신 텀블러를 들고 다녀요. 빨대나 비닐봉지 같은 일회용품 사용을 줄이고, 세제나 화장품은 친환경 제품으로 고르세요.

1 기사 내용과 같으면 ○, 다르면 × 표시를 하세요.

⑴ 전 세계 플라스틱 생산량의 10퍼센트 이상이 재활용된다.　　　　　　(　　　　)

⑵ 1950년 전 세계 플라스틱 생산량은 약 200만 톤이었다.　　　　　　(　　　　)

⑶ 2022년 한 해 동안 폐기된 플라스틱 대부분은 재활용되었다.　　　　(　　　　)

⑷ 플라스틱을 가장 많이 생산하고 소비한 나라는 중국이다.　　　　　　(　　　　)

2 밑줄 친 곳에 들어갈 알맞은 어휘를 보기 에서 골라 적으세요.

> 보기　　폐기, 매립, 소각, 향후

⑴ 유통 기한이 지난 음식은 모두 (　　　　　　)했다.

⑵ 낙엽을 아무 데서나 (　　　　　　)하면 위험하다.

⑶ 음식물 쓰레기를 땅에 (　　　　　　)했다.

⑷ (　　　　　　) 몇 년 안에 경제가 회복될 것으로 전망된다.

3 괄호 안에 알맞은 낱말을 넣어, 기사를 완성해 보세요.

내가 뽑은 제목:

중국 칭화대 연구팀은 2022년 전 세계 (　　　　　　) 생산과 폐기 과정을 분석했어요. 전 세계 플라스틱 생산량은 해마다 늘어 2022년엔 4억 톤에 달했지만, (　　　　　　)되는 양은 10퍼센트도 되지 않았어요. 대부분 (　　　　　　)되거나 (　　　　　　)되었지요. 연구팀은 이번 결과가 향후 정책을 세우는 데 중요한 자료가 될 거라고 밝혔어요.

플라스틱 사용, 법으로 금지해야 할까?

케냐 정부는 환경 오염을 줄이기 위해 2017년부터 비닐봉지 사용을 금지했어요. 비닐봉지를 제작·판매·사용하는 사람은 최대 5년 이하 징역이나 약 5천만 원의 벌금을 받을 수 있어요. 관광객도 예외는 아니어서, 비닐봉지를 가져왔다면 공항에 두고 입국해야 해요. 환경을 지키려면 플라스틱 사용을 막는 법도 필요할까요?

A 주변을 둘러보면 플라스틱이 아닌 물건을 찾기 어려울 만큼 플라스틱은 우리 삶에 깊이 들어와 있어요. 간편하고 저렴한 대체재 없이 플라스틱 사용을 법으로 금지하면 큰 혼란만 생길 거예요.

B 플라스틱은 수백 년이 지나도 썩지 않아 토양과 바다를 오염시켜요. 물고기, 새, 거북이 등 많은 동물이 이를 먹이로 착각해 목숨을 잃지요. 우리가 사는 지구의 자연보다 중요한 게 있을까요? 환경 오염을 막는 데 필요하다면 플라스틱 금지법을 만드는 것도 방법이에요.

C 전 세계 플라스틱 재활용률이 10퍼센트도 안 되는 걸 보면, 차라리 법으로 사용을 막는 게 낫다고 봐요. 요즘은 종이, 옥수수 전분처럼 자연 분해되는 소재도 많으니 플라스틱이 없어도 충분히 살 수 있어요.

D 비닐봉지 대신 종이봉투를 쓴다고 해도, 만들고 버려지는 과정에서 똑같이 에너지가 들어가고 탄소가 배출돼요. 어떤 대체재가 나와도 환경 오염을 완전히 피할 수는 없어요. 플라스틱을 금지하면 몰래 쓰는 사람도 생길 거예요. 실제로 케냐에서도 다른 나라에서 비닐봉지를 몰래 들여온 일이 있었어요. 전면 금지보다는 조금씩 줄이도록 유도하는 게 효과적이라고 생각해요.

빌 게이츠,
전 재산 99퍼센트 기부 선언

마이크로소프트 공동 창업자 빌 게이츠가 2045년까지 자신의 재산 대부분을 기부하겠다고 밝혔습니다.

2025년 5월, 빌 게이츠는 미국 〈뉴욕타임스〉를 비롯한 여러 언론과의 인터뷰에서 "20년 안에 재산 대부분을 **기부**하고, 2045년 12월 31일에 게이츠 재단을 **해산**할 계획"이라고 말했습니다.

게이츠 재단은 2000년, 빌 게이트가 전 부인 멀린다와 함께 만든 **자선** 단체입니다. 지금까지 1천억 달러(한화 약 141조 원)가 넘는 돈을 기부했습니다. 원래는 빌 게이츠 사망 후 20년까지 운영할 계획이었지만, 이번 발표로 재단은 해산 시점을 앞당기게 됐습니다.

빌 게이츠는 "세상에는 해결해야 할 일이 많다"며 "사람들을 도울 자원을 붙들고 있을 이유가 없다. 내가 죽었을 때 '부자로 죽었다'는 말은 듣고 싶지 않다"고 덧붙였습니다.

게이츠 재단은 앞으로 20년 동안 기부액을 두 배로 늘려, 2045년까지 2천억 달러(한화 약 283조 원) 이상을 쓸 계획입니다. 이 돈은 전 세계 **빈곤**을 겪는 사람들을 돕고, 임산부와 아동의 사망률을 낮추고, 전염병을 **퇴치**하는 데 쓰일 예정입니다.

어휘

기부(寄附) 누군가를 도우려고 돈이나 물건을 대가 없이 내놓음.
해산(解散) 모였던 사람들이 흩어짐.

자선(慈善) 어려운 사람을 도와주는 일.
빈곤(貧困) 가난해 살기 어려운 상태.
퇴치(退治) 나쁜 것을 없애 버림.

중심 내용 요약하기

이해력을 키우는 배경지식

마이크로소프트, 어떻게 시작되었을까?

빌 게이츠가 1975년, 친구 폴 앨런과 함께 창업했어요. 이들은 컴퓨터 언어를 쉽게 만들자는 아이디어로 회사를 시작했지요. 이후 당시 세계 최대 컴퓨터 회사 아이비엠(IBM)에 소프트웨어를 제공하면서 크게 성장하였고, 세계적인 소프트웨어 기업이 되었어요. 빌 게이츠는 기술뿐 아니라 사업 감각도 뛰어나 많은 투자를 이끌며 젊은 나이에 세계적인 부자가 되었어요.

부자들의 기부 약속, '기빙 플레지'

빌 게이츠와 워런 버핏은 기빙 플레지(The Giving Pledge)를 만들었어요. 10억 달러(한화 약 1조 4천억 원) 이상을 가진 부자들이 재산의 절반 이상을 사회에 기부하기로 약속하는 운동이에요. 워런 버핏은 미국의 유명한 투자자로, 빌 게이츠와 함께 많은 재산을 기부하고 있어요. 페이스북 창립자 마크 저커버그, 테슬라 최고 경영자 일론 머스크 등도 이 운동에 참여해요.

글의 형식 알아보기

신문 기사 쓰는 법

신문 기사는 일어난 사실을 정확하고 객관적으로 전달해야 해요. 따라서 육하원칙(누가, 언제, 어디서, 무엇을, 어떻게, 왜)에 따라 작성하는 것이 기본이에요. 한 기사에는 한 가지 주제만 담고, 문장은 짧고 명료하게 써요. 그래야 독자가 쉽게 읽고 내용을 분명히 이해할 수 있거든요.

인물 상식

세상을 바꾼 컴퓨터 천재, 빌 게이츠(1955년~)

빌 게이츠는 어릴 때부터 컴퓨터에 빠졌어요. 하버드대학교에 입학했지만, 컴퓨터에 대한 열정이 커서 결국 학업을 그만두고 마이크로소프트를 창업했지요. 1980년대에 만든 '엠에스 도스(MS-DOS)'와 '윈도'는 사람들이 컴퓨터를 쉽게 쓸 수 있게 해 주었어요. 이 운영 체제 덕분에 개인용 컴퓨터 시대가 열렸고, 세상도 크게 바뀌었어요. 기술로 세상을 바꾼 대표적인 인물이지요.

1 기사 내용과 같으면 ○, 다르면 × 표시를 하세요.

(1) 빌 게이츠는 2050년까지 전 재산의 50퍼센트를 기부하겠다고 밝혔다.　(　　　)

(2) 빌 게이츠는 세상을 떠날 때 '부자로 죽었다'는 말은 듣기 싫다고 했다.　(　　　)

(3) 빌 게이츠의 기부금은 주로 전 세계 빈곤층을 돕는 데 쓰일 예정이다.　(　　　)

2 밑줄 친 곳에 들어갈 알맞은 어휘를 보기 에서 골라 적으세요.

보기　기부, 해산, 자선, 빈곤

(1) 공연이 끝나자 모여 있던 구경꾼들이 (　　　　　　)했다.

(2) 우리 반은 어려운 이웃을 돕는 (　　　　　　) 바자회를 열었다.

(3) 그는 아픈 아이들을 돕기 위해 돈을 (　　　　　　)한다.

(4) 전쟁으로 많은 사람이 (　　　　　　)에 시달렸다.

최근 기억에 남는 일을 육하원칙에 맞춰 신문 기사로 써 보세요.

_____

_____

_____

_____

2주차

#고물가
#디지털디톡스
#동물복제
#설탕세
#기후난민
#시조

금(金)붕어 된 서민 간식, 붕어빵값 폭등

겨울철 대표 서민 간식인 붕어빵이 고물가로 값이 크게 올라 '금(金)붕어'로 불리고 있어요. 한 시민은 "몇 년 전만 해도 서너 개에 1,000원 이었는데, 지금은 3개에 2,000원이 넘거나 1개에 1,000원씩 한다"며 "이제 쉽게 사 먹기엔 부담된다"고 아쉬워했어요.

붕어빵값이 뛴 가장 큰 이유는 재료비 때문이에요. 주재료인 팥값이 작년보다 약 10퍼센트 올랐고, 밀가루와 식용유 가격도 약 5퍼센트 넘게 비싸졌어요. 붕어빵을 굽는 엘피지(LPG) 가스값도 인상됐지요. 이런 고물가는 러시아-우크라이나 전쟁, 폭염과 가뭄 같은 이상 기후로 전 세계 곡물값과 물가가 크게 오른 탓이에요. 여기에 전기료와 인건비까지 올라 붕어빵값도 오를 수밖에 없었어요.

재료비 부담에 수지가 맞지 않자 붕어빵 가게가 점점 사라졌어요. 수요는 그대로인데 공급이 줄다 보니, 붕어빵 가격이 오를 수밖에 없지요. 이러한 상황에 붕어빵 파는 곳을 알려 주는 '붕어빵 지도'와 지역 노점 위치를 공유하는 앱까지 나왔어요. 붕어빵과 역세권을 합친 '붕세권'이라는 신조어도 생겼지요. 식품업계는 이런 틈새시장을 노려 집에서 간편히 먹는 냉동 붕어빵과 과자를 출시했어요.

알쏭달쏭 어휘 사전

· **인상**(引上) 물건값이나 봉급, 요금 등을 올림.
· **수지**(收支) 장사나 사업 등의 거래에서 얻는 이익.
· **수요**(需要) 어떤 것을 사고 싶어 하는 마음이나 욕구.

· **공급**(供給) 요구나 필요에 따라 물건이나 돈 등을 제공함.
· **노점**(露店) 길가에서 임시로 물건을 펼쳐 놓고 파는 가게.

물건의 가격은 어떻게 정해질까?

물건값은 시장 흐름에 따라 자연스럽게 정해져요. 예를 들면, 붕어빵값은 밀가루와 팥 같은 재료비, 가스비, 기계값, 인건비를 더한 '생산 원가'에서 시작해요. 하지만 가격은 생산 원가만으로 정해지지 않아요. 수요와 공급이 맞아떨어질 때 결정되지요. 수요가 많고 공급이 적으면 값이 오르고, 공급이 많고 수요가 적으면 값이 내려가요. 이걸 '수요와 공급의 법칙'이라고 해요. 시장에서 공급자는 비싸게 팔고 싶어 하고, 수요자는 싸게 사고 싶어 한답니다.

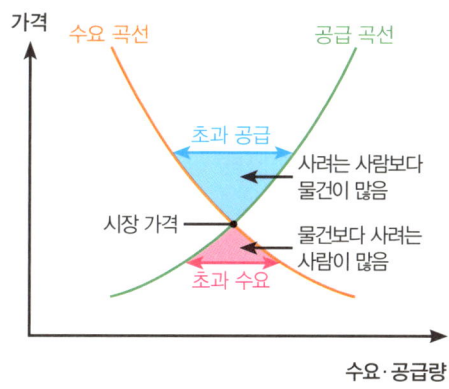

물가에 따라 돈의 가치가 다르다고?

예전에는 1,000원에 붕어빵 4개를 살 수 있었지만, 이제는 1개만 살 수 있어요. 돈의 가치가 떨어졌기 때문이에요. 돈의 가치는 물가에 따라 달라져요. 물가는 시장에서 팔리는 상품과 서비스의 평균 가격을 말해요. 물가가 오르면 대체로 물건값이 오른 것이고, 물가가 내리면 물건값이 내린 거예요. 월급은 그대로인데 물가가 오르면 같은 돈으로 살 수 있는 게 줄어들어요. 이렇게 물가는 경제 상태를 확인하는 중요한 기준이에요.

빈틈을 찾아 공략하는 니치 마케팅

니치 마케팅(Niche Marketing)의 '니치'는 '빈틈'이나 '틈새'를 뜻해요. 우리말로는 틈새시장이라고 하지요. 모든 소비자를 만족시키기보다 작은 소비자 집단을 겨냥해 판매하는 거예요. 예를 들어, 길거리에서 붕어빵을 사기 어렵고 값도 비싸다는 빈틈을 노려 식품 회사가 냉동 붕어빵을 내는 것이 니치 마케팅이라고 할 수 있어요.

더 생각해 보기

붕어빵의 원조는 도미빵?

붕어빵은 일본의 '타이야키'에서 유래했어요. 일본어로 타이(鯛)는 '도미', 야키(燒き)는 '구운 것'이니 우리말로 하면 '도미빵'이죠. 일본에서 도미는 귀하고 비싼 생선으로, 축복과 행운을 상징해요. 19세기 말 유행한 타이야키는 1930년대 우리나라에 들어오며 붕어 모양으로 바뀌었어요. 밀가루 반죽에 팥소를 넣은 붕어빵은 금세 인기 간식이 됐지요. 지금은 잉어빵, 미니 붕어빵, 슈크림 붕어빵 등 종류도 다양해졌어요.

1 기사 내용과 같으면 ○, 다르면 × 표시를 하세요.

(1) 높은 물가 때문에 붕어빵값이 크게 올라 '금붕어'라고 불린다. ( )

(2) 붕어빵값이 오른 이유는 재료비가 인상되었기 때문이다. ( )

(3) 붕어빵의 인기가 식지 않고 계속돼 붕어빵 가게가 점차 늘고 있다. ( )

(4) 붕어빵 파는 곳을 알려 주는 '붕어빵 지도'까지 등장했다. ( )

2 밑줄 친 곳에 들어갈 알맞은 어휘를 **보기** 에서 골라 적으세요.

보기 인상, 수요, 공급, 수지

(1) 농부들이 시장에 채소를 ( )했다.

(2) 올해부터 버스 요금이 200원 ( )됐다.

(3) 아이스크림은 여름에 ( )가 늘어난다.

(4) ( )가 맞는 장사를 하려면 번 돈이 쓴 돈보다 많아야 한다.

3 괄호 안에 알맞은 낱말을 넣어, 기사를 완성해 보세요.

내가 뽑은 제목:

_____

겨울철 서민 간식 ( )이 고물가로 값이 올라 '금(金)붕어'라고 불려요. 팥, 밀가루, 식용유, 가스 등 재료비에 전기료와 인건비까지 오르며 가격이 뛰었지요. ( )가 맞지 않아 가게는 줄었지만, 수요는 그대로라 붕어빵 노점 위치를 공유하는 앱과 '( )'이란 신조어가 생겼어요. 식품업계는 ( )시장을 노려 냉동 붕어빵과 과자를 출시했어요.

불법 붕어빵 노점상, 단속해야 할까?

붕세권 지도가 인기를 끄는 건 붕어빵 가게가 점점 사라지기 때문이에요. 특히 대부분 허가받지 않은 노점상이라 단속을 피해 자리를 옮겨 다니며 장사하는 경우가 많지요. 재룟값과 과태료 부담 때문에 장사를 그만두는 사람도 늘었어요. 그래서 붕어빵 가게가 줄어 아쉽다는 사람도 있고, 굳이 불법 상점에서 사 먹을 필요가 있냐는 사람도 있어요. 여러분 생각은 어떤가요?

A 겨울이면 생각나는 인기 간식을 파는 가게가 점점 사라져서 아쉬워요. 불법이긴 해도 붕어빵으로 생계를 잇는 분들도 있을 텐데, 소중한 일자리를 빼앗는 것 같아 마음이 쓰여요.

B 위생이나 안전을 생각하면 허가받은 곳에서 파는 게 맞다고 봐요. 노점상에 손님이 몰리면 지나가는 사람들이 다니기 불편하고, 도시 미관도 해쳐요. 전통 시장이나 푸드 트럭처럼 안전하고 합법적인 곳을 이용하는 게 더 좋지 않을까요?

C 길에서 파는 음식은 매연이나 먼지에 쉽게 노출돼 위생 문제가 생길 수 있어요. 또 가스나 전기를 쓰기 때문에 안전사고가 날 수 있고요.

D 판매자와 소비자 모두 만족하려면, 노점상을 무조건 없애기보다 일정 기준을 지키면 장사할 수 있게 법을 고치는 게 좋겠어요.

내 생각 정리하기

디지털 치매·도파민 중독, '디지털 디톡스'로 예방한다

스마트폰 같은 디지털 기기에 지나치게 의존하는 젊은 층이 늘면서, 디지털 치매와 도파민 중독을 호소하는 사람이 많아졌어요. 이를 '영츠하이머'라고 해요. '젊은'을 뜻하는 영(Young)과 '치매'를 뜻하는 알츠하이머를 합친 **합성어**로, 심각한 기억력 **감퇴**, 집중력 저하, **인지 기능** 장애를 **일컬어**요.

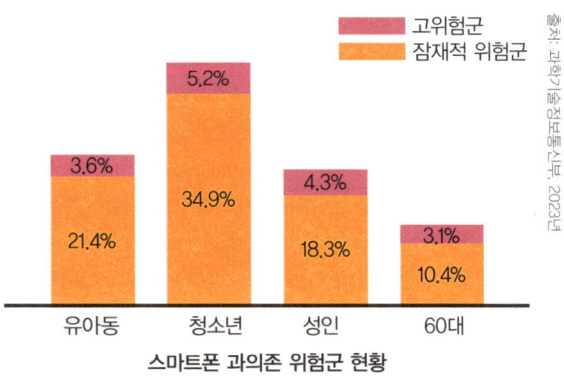

출처: 과학기술정보통신부, 2023년

스마트폰 과의존 위험군 현황
- 고위험군
- 잠재적 위험군

유아동	청소년	성인	60대
3.6%	5.2%	4.3%	3.1%
21.4%	34.9%	18.3%	10.4%

도파민 중독도 문제예요. 도파민은 기분이 좋거나 만족할 때 뇌에서 나오는 호르몬이에요. 스마트폰은 도파민을 과도하게 분비시켜 더 강한 자극을 찾게 해 중독되기 쉬워요.

젊은 세대가 특히 취약한 이유는 디지털 기기에 **능숙한** '디지털 네이티브'이기 때문이에요. 2023년 스마트폰 과의존 실태 조사에 따르면, 청소년의 40.1퍼센트가 '과의존 위험군'으로 나타났어요. 이는 고위험군과 잠재적 위험군을 합친 것으로, 많은 청소년이 스스로 스마트폰 사용을 조절하지 못하고 일상에서 기기에 의존하고 있다는 뜻이에요.

전문가들은 디지털 기기 사용을 줄이고, 스스로 정리해 기억하는 습관이 필요하다고 조언해요. 이런 이유로 '디지털 디톡스'가 주목받고 있어요. 디지털 기기를 덜 쓰거나 아예 쉬자는 움직임이죠. 실제로 467명을 대상으로 스마트폰을 2주간 끊는 실험을 했더니, 참가자들은 집중력과 주의력이 높아지고 인지 기능도 10년이나 젊어졌어요. 우울감과 불안도 줄었지요.

알쏭달쏭 어휘 사전

- **합성어(合成語)** 두 개 이상의 말이 합쳐진 단어.
- **감퇴(減退)** 능력이나 기능 등이 줄어듦.
- **인지 기능(認知機能)** 보고 듣고 생각해 이해하는 정신 활동.
- **일컫다** 이름을 붙이거나 가리켜 말함.
- **능숙하다(能熟-)** 익숙해서 일을 잘함.

디지털 네이티브 세대란?

태어날 때부터 디지털 기기에 둘러싸여 자란 세대를 말해요. 어릴 때부터 스마트폰, 패드, 컴퓨터를 접해서 편하게 다룰 수 있지요. 다양한 기기로 동시에 여러 일을 하는 멀티태스킹도 잘해요. 또 온라인 환경에 익숙하고, 여러 사람과 SNS로 관심사를 나누며 새로운 트렌드를 만들기도 해요. 요즘은 이런 세대에 맞게 교육 환경도 바뀌어야 한다는 목소리가 커지고 있어요.

쇼트와 릴스가 도파민 중독을 일으킨다고?

짧은 시간에 강한 자극을 주는 쇼트 폼 콘텐츠를 보면 뇌에서 도파민이 많이 분비돼 쾌감을 느껴요. 하지만 도파민이 과도하게 나오면 집중력이 떨어지고 기억력도 나빠져요. 쇼트나 릴스에 지나치게 노출되면 더 강한 자극만 찾게 되고 뇌가 '팝콘 브레인'으로 변해요. 팝콘 브레인은 현실의 약한 자극에는 무덤덤하고 빠르고 강한 자극만 원하는 상태를 말해요. 특히 10대는 문해력이 떨어질 위험도 있어요.

디지털 디톡스란?

디지털 디톡스는 스마트폰, 컴퓨터, SNS, 유튜브 같은 디지털 기기와 잠시 멀어지는 걸 말해요. 예를 들어 하루 중 특정 시간엔 스마트폰을 보지 않거나, 하루 동안 스마트폰, 태블릿 PC 등을 사용하지 않는 '디지털 기기 없는 날'로 정하는 식이지요. 집 안에서 스마트폰을 사용하지 않는 장소를 정하는 것도 방법이에요. 예를 들어 화장실이나 침실에서는 스마트폰을 끄는 거예요. 요즘에는 일정 기간 SNS를 쉬는 디지털 디톡스를 실천하는 사람도 많아요.

더 생각해 보기

교내 스마트폰 사용을 금지한 나라들

일부 나라는 청소년의 디지털 의존을 줄이기 위해 직접 나섰어요. 프랑스는 2018년부터 학교에서 학생의 스마트폰 사용을 법으로 금지했고, 영국도 2024년 스마트폰 사용을 제한하는 지침을 내렸어요. 우리나라도 2026년 1학기부터 초·중·고등학생의 스마트 기기 사용을 금지할 예정이에요. 다만, 장애가 있거나 긴급 상황일 때는 예외적으로 사용할 수 있어요.

1 기사 내용과 같으면 ○, 다르면 × 표시를 하세요.

(1) 디지털 네이티브 세대는 디지털 치매와 도파민 중독에 빠지기 쉽다. ( )

(2) 도파민은 슬프거나 화가 날 때 뇌에서 나오는 호르몬이다. ( )

(3) 디지털 디톡스는 디지털 기기를 더 많이 사용하는 습관을 말한다. ( )

(4) 한 실험 결과 디지털 디톡스를 하니 우울감과 불안이 줄었다. ( )

2 밑줄 친 곳에 들어갈 알맞은 어휘를 보기 에서 골라 적으세요.

보기   합성어, 감퇴, 일컬어, 능숙

(1) 나이가 들면서 기억력이 서서히 ( )했다.

(2) 신부님, 목사님, 스님을 ( ) 종교계 지도자라고 부른다.

(3) 여러 나라에 살았던 그는 중국어와 일본어에 ( )했다.

(4) 책가방은 '책'과 '가방'을 합친 ( )다.

3 괄호 안에 알맞은 낱말을 넣어, 기사를 완성해 보세요.

내가 뽑은 제목:

_____

스마트폰 같은 디지털 기기에 지나치게 ( )하는 젊은 층이 늘면서, 기억력 감퇴와 도파민 중독 증상이 나타나고 있어요. 이를 '( )'라고 불러요. 디지털 기기에 능숙한 디지털 ( ) 세대에서 특히 심각한 문제예요. 한 실험에서는 '디지털 ( )'로 스마트폰 사용을 줄이자 참가자들의 집중력이 높아지고 정서도 안정됐어요.

교내 스마트폰 사용, 금지해야 할까?

2023년 스마트폰 과의존 실태 조사에 따르면, 청소년의 40.1퍼센트가 과의존 위험군으로 나타났어요. 이 수치는 해마다 증가하는 추세예요. 우리나라는 2026년부터 초·중·고등학생의 교내 스마트 기기 사용을 원칙적으로 금지하기로 했어요. 이 제도가 청소년이 디지털 기기에 지나치게 의존하는 문제를 해결할 수 있을까요? 여러분의 생각이 궁금해요.

A 청소년기는 아직 뇌가 완전히 발달하지 않은 시기예요. 이때 자극적인 콘텐츠에 노출되면 중독되기 쉬워요. 우울증, 불안, 스트레스 등으로 정신 건강까지 해칠 수 있어요. 자제력이 부족한 청소년을 위해 나라가 제도와 법을 만들어 도와야 해요.

B 청소년기 중독은 그대로 성인 중독으로 이어질 수 있는 큰 문제예요. 예방을 위해 청소년의 스마트폰 사용을 줄이고, 나라와 기업도 함께 나서야 해요. SNS 운영 기업이 청소년 가입을 까다롭게 관리하고 이용 시간을 제한하면 더 효과가 있을 거예요.

C 학교에서 스마트폰 사용을 법으로 막아도 잠시뿐이에요. 오히려 부모나 선생님 몰래 쓰거나 더 집착할 수도 있어요. 막기만 할 게 아니라 스스로 조절하는 방법을 가르쳐야 해요.

D 아이들에겐 금지하면서 어른들은 아무렇지 않게 스마트폰을 쓰잖아요. 어른들도 함께 교육에 참여해서 사회 전체가 스마트폰 사용을 줄이는 문화를 만들어야 해요.

내 생각 정리하기

죽은 반려견과 재회?
동물 복제 서비스 논란

전 세계에서 반려동물 산업이 빠르게 성장하고 있어요. 반려동물을 잃은 슬픔으로 '펫로스 증후군'을 겪는 사람이 늘면서, 동물 복제를 의뢰하는 경우도 많아졌지요. 2015년 미국에서 처음 반려동물 복제 업체가 생긴 뒤, 우리나라와 중국 등으로 퍼졌어요. 비용은 6천만 원이 넘지만, 의뢰가 꾸준히 늘고 있어요.

2024년, 우리나라에서는 한 유튜버가 사고로 죽은 반려견을 복제한 사연을 공개해 화제가 됐어요. 복제 업체는 유튜버의 반려견에서 체세포를 채취해 두 마리 복제 강아지를 만들었어요. 그는 "이 영상을 본 사람들이 복제로 상실감을 이겨 내길 바란다"고 했어요.

중국은 동물 복제를 합법적으로 허용해요. 베이징에 사는 한 여성은 10년간 함께한 고양이가 자연사하자 복제 업체에 연락했어요. 업체는 죽은 고양이 피부에서 체세포를 모으고, 다른 고양이의 난자를 채취했어요. 그리고 대리모 고양이를 통해 복제 고양이를 출산했지요. 여성은 돈이 아깝지 않을 만큼 만족한다고 말했어요.

하지만 이런 사례가 알려지며 걱정도 커지고 있어요. 난자를 채취당하거나 대리모 역할을 하는 동물이 희생되고, 복제 동물이 원래 반려동물을 완전히 대신할 수 없다는 점 때문이에요.

알쏭달쏭 어휘 사전

· **의뢰**(依賴) 다른 사람에게 부탁함.
· **체세포**(體細胞) 생식 세포를 뺀 몸의 모든 세포.
· **채취**(採取) 필요한 것을 찾아서 얻음.

· **합법적**(合法的) 법에 맞는 일.
· **자연사**(自然死) 병이나 사고 없이 늙어서 자연스럽게 죽음.

동물 복제는 어떻게 할까?

복제할 반려동물이 죽으면 24시간 안에 피부나 털에서 체세포를 채취해요. 이 체세포의 핵을 다른 동물에서 얻은 난자에 넣어 수정란을 만들지요. 이렇게 만든 수정란을 새끼를 대신 낳아 줄 동물의 자궁에 넣어 키워요. 이후 태어난 복제 동물의 유전자를 검사해 복제가 잘됐는지 확인해요. 복제 동물은 원래 반려동물의 외모와 99.9퍼센트 똑같아요.

펫로스 증후군은 무엇일까?

요즘은 반려동물을 가족처럼 여기는 사람이 많아요. 그래서 함께 지낸 반려동물이 죽거나 사라지면 큰 슬픔과 절망을 느끼지요. 이를 '펫로스 증후군'이라고 해요. 식욕이 줄거나 잠을 잘 못 자는 등 몸에 이상이 생기기도 하고, 우울감, 불안, 죄책감 같은 마음의 병도 겪어요.

동물을 왜 복제할까?

동물을 복제하는 이유는 여러 가지예요. 먼저, 사랑하는 반려동물을 다시 만나고 싶기 때문이에요. 또 인간과 유전적으로 비슷한 원숭이를 복제해 인간의 질병을 연구하거나, 장기 이식용 동물을 만들기 위해서도 복제 기술이 쓰여요. 최근에는 멸종 위기 동물의 번식을 도와 멸종을 막거나, 이미 멸종한 동물을 되살리는 데도 활용해요.

자바들소(2003년)   회색늑대(2005년)   검은발족제비(2020년)   프르제발스키말(2020년)

멸종 위기 동물 복제 사례

더 생각해 보기

동물 복제, 어디까지 왔을까?

1996년 영국에서 세계 최초로 복제 양 '돌리'가 태어났어요. 이후 젖소, 고양이, 돼지, 말 등 많은 동물을 복제했지요. 우리나라는 2005년 강아지 복제, 중국은 2018년 원숭이 복제에 성공했어요. 유럽과 미국에서는 멸종되었거나 멸종 위기인 동물을 복제했지만, 생존율이 낮아 아직 연구가 더 필요해요. 털매머드 같은 멸종 동물을 복제하려는 시도도 있지만, 복제 동물의 생존 가능성과 윤리 문제를 두고 논란이 많아요.

1 기사 내용과 같으면 ○, 다르면 × 표시를 하세요.

(1) 반려동물을 복제하는 데 비용이 들지 않는다.　　　　　　　　　　　　　(　　　)

(2) 중국에서는 동물 복제가 합법이다.　　　　　　　　　　　　　　　　　　(　　　)

(3) 반려동물을 복제하려면 체세포와 난자가 필요하다.　　　　　　　　　　　(　　　)

(4) 복제 동물은 원래 반려동물을 완전히 대신할 수 있다.　　　　　　　　　　(　　　)

2 밑줄 친 곳에 들어갈 알맞은 어휘를 **보기** 에서 골라 적으세요.

> **보기** 　합법적, 체세포, 채취, 의뢰

(1) 연구팀은 산에서 식물 표본을 (　　　　　)했다.

(2) 머리카락, 피부, 근육은 모두 (　　　　　)로 이루어져 있다.

(3) 이번 거래는 모두 (　　　　　)인 절차를 따랐다.

(4) 그는 전문 기관에 감정을 (　　　　　)했다.

3 괄호 안에 알맞은 낱말을 넣어, 기사를 완성해 보세요.

내가 뽑은 제목:

반려동물을 잃은 슬픔에 (　　　　　)를 의뢰하는 사람이 늘고 있어요. 체세포를 채취해 대리모를 통해 복제하는데, 중국은 이를 (　　　　　)으로 허용해요. 하지만 난자 채취와 대리모 역할로 다른 동물이 (　　　　　)되고, 복제 동물이 원래 (　　　　　)을 완전히 대신할 수 없다는 점에서 걱정도 커지고 있어요.

동물 복제, 허용해도 괜찮을까?

우리나라 국민 열 명 중 여덟 명은 '반려동물 복제를 법으로 금지해야 한다'고 생각해요. 그 이유로는 돈을 내고 동물을 복제하는 것이 생명 윤리에 맞지 않다는 의견이 많았지요. 하지만 아직 우리나라에는 반려동물 복제를 허용하거나 막는 뚜렷한 법이 없어요.

A 반려동물 한 마리를 복제하려면, 난자를 억지로 채취당하는 동물과 수정란을 품어 새끼를 낳는 동물이 필요해요. 한 번에 성공하지 못하면 더 많은 동물이 희생되지요. 인간의 욕심 때문에 다른 생명을 함부로 희생시키는 건 옳지 않아요.

B 동물을 복제하면 여러 마리가 태어나요. 그럼 필요 없는 동물은 어떻게 될까요? 복제를 신청했다가 취소하면 이미 태어난 동물은 또 어떻게 해야 할까요? 이런 상황에 대비하지 않으면, 생명을 가볍게 여기는 일이 더 많아질 거예요.

C 복제 동물은 아무리 겉모습이 똑같아도 원래 동물과는 다른 생명이에요. 기억까지 똑같이 복제할 순 없으니까요. 만약 복제 동물이 원래 동물처럼 행동하지 않는다고 해서 반품할 수도 없어요. 동물 복제를 제도화해서 엄격한 신청 기준을 정하고 관리도 철저하게 해야 해요.

D 동물 복제는 장점도 많아요. 사람의 질병을 연구하거나 멸종 위기 동물을 복원하는 데 쓰이거든요. 인류를 위해 꼭 필요한 기술인 만큼, 윤리 문제를 해결할 방안이 필요해요.

내 생각 정리하기

베트남, 설탕세로 비만과 전쟁 선포

노르웨이(1922년)

프랑스(2012년)

미국(2015년, 일부 지역)

태국(2017년)

영국(2018년)

필리핀(2018년)

주요 설탕세 시행 국가

베트남 정부가 비만과 성인병을 앓는 국민이 늘자 '설탕세' 도입을 적극 추진하고 있어요. 베트남 재정부는 설탕이 100밀리리터당 5그램 이상 든 음료를 개별 소비세 **부과** 품목으로 **지정**해, 10퍼센트의 세금을 매길 계획이에요.

가당 음료에 세금이 붙으면 **소비자 가격**도 10퍼센트 올라요. 2,000원이던 음료가 세금 200원이 더해져 2,200원이 되는 거예요. 이렇게 되면 소비자들은 비싼 가당 음료 대신 **대체재**를 찾게 되고, 결국 가당 음료 소비가 줄어들 것으로 기대돼요.

베트남 국립영양연구원에 따르면 2020년 베트남 사람 한 명이 1년 동안 마신 가당 음료의 양은 70.56리터였어요. 2013년보다 1.5배 늘어난 양이에요. 5~19세 소아 비만도 10년 사이 두 배로 늘었는데, 가당 음료를 주된 원인으로 지목했어요.

설탕세 제도는 1922년 노르웨이가 처음 시행한 뒤 프랑스, 미국, 태국, 영국, 필리핀 등으로 확대됐지요. 설탕세 시행 국가는 2009년 35개국에서 2023년에는 104개국으로 세 배 가까이 늘었어요.

알쏭달쏭 어휘 사전

· **부과**(賦課) 세금이나 비용을 매겨 내게 함.
· **지정**(指定) 가리켜 확실하게 정함.
· **가당**(加糖) 당분을 첨가함.

· **소비자 가격**(消費者價格) 소비자가 물건을 살 때 내는 값.
· **대체재**(代替財) 서로 대신해 쓸 수 있는 물건.

세금과 개별소비세는 어떻게 다를까?

세금은 나라를 유지하고 국민 생활을 돕는 데 쓰는 돈이에요. 국민은 소득 일부를 세금으로 내요. 세금은 크게 직접세와 간접세로 나뉘어요. 직접세는 개인이나 회사가 번 돈에 매기는 세금이에요. 간접세는 물건값에 포함돼 있어, 물건을 살 때 내요. 예를 들어, 편의점에서 음료수를 사면 그 속에 간접세가 들어 있어요. 이렇게 모인 간접세는 가게 주인이 나라에 납부하지요. 개별 소비세는 간접세의 한 종류예요. 사치품 소비 감소, 환경 보호, 국민 건강 증진 같은 특별한 목적을 위해 걷는 세금이에요.

설탕세, 정말 효과가 있을까?

세계보건기구(WHO)는 2016년 설탕세를 권장했고, 영국은 2018년부터 이를 시행했어요. 그 결과 일부 지역에서 비만율이 줄었고, 특히 저소득층 어린이의 단 음료 섭취도 감소했지요. 하지만 설탕세를 두고 논란도 있어요. 보리스 존슨 전 영국 총리는 가난한 사람들에게 더 큰 부담을 준다며 "보이지 않는 최악세"라고 비판했어요. 실제로 설탕세는 국민 건강을 위한 제도지만, 소득에 따라 느끼는 부담이 달라 더 많은 사회적 논의가 필요해요.

세계의 별별 세금들

이탈리아 베네치아에는 '햇빛세'가 있어요. 상점 간판이나 차광막이 햇빛을 가려 만든 그늘 넓이에 따라 세금을 내요. 이 돈은 관광 산업에 쓰여요. 환경을 중시하는 스웨덴은 세계 최초로 '탄소세'를 도입했고, 뉴질랜드는 소와 양의 트림에서 나오는 메탄가스에 '트림세'를, 덴마크는 2030년부터 '방귀세'를 걷기로 했어요. 프랑스는 구글, 애플 같은 디지털 기업에 '디지털세'를 부과해요. 이렇게 특정 문제를 해결하기 위해 걷는 세금을 '목적세'라고 해요. 설탕세도 국민 건강 증진을 위한 목적세예요.

더 생각해 보기

세계 각국은 왜 단 음식에 경고 표시를 붙일까?

칠레, 멕시코, 우루과이 같은 나라에서는 설탕, 나트륨, 지방이 많이 들어간 가공식품에 검정색 경고 표시를 해요. 이런 음식은 어린이를 대상으로 광고도 못 하고, 학교 매점에서도 팔 수 없어요. 왜 이런 규제를 할까요? 당분이 많은 음식을 과하게 섭취하면 비만, 당뇨병, 심장병에 걸리기 쉬워요. 이런 병은 치료가 오래 걸리고 치료비도 비싸서, 결국 국민이 낸 세금을 투입해야 해요. 그래서 여러 나라는 경고 표시를 하고, 설탕세를 걷어 국민 건강을 지키려고 노력해요.

1 기사 내용과 같으면 ○, 다르면 × 표시를 하세요.

(1) 베트남은 모든 음료에 10퍼센트 세금을 부과한다. ( )

(2) 가당 음료에 세금이 붙으면 소비자 가격도 오른다. ( )

(3) 설탕세를 도입한 첫 번째 국가는 노르웨이이다. ( )

(4) 베트남 어린이의 비만율은 최근 10년 사이 절반으로 줄었다. ( )

2 밑줄 친 곳에 들어갈 알맞은 어휘를 **보기** 에서 골라 적으세요.

보기 부과, 지정, 가당, 대체재

(1) 학교에서는 지각한 학생에게 벌점을 ( )했다.

(2) 고기가 없을 땐 두부를 ( )로 사용했다.

(3) 나는 달콤한 맛이 좋아서 ( ) 음료를 자주 마신다.

(4) 학교는 교내 금연 구역을 새롭게 ( )했다.

3 괄호 안에 알맞은 낱말을 넣어, 기사를 완성해 보세요.

내가 뽑은 제목:

_____

베트남 정부가 비만과 성인병을 줄이기 위해 ( )를 추진해요. 설탕이 든 음료에 10퍼센트의 ( )을 부과해 소비자 가격이 오르면, 사람들은 값비싼 가당 음료 대신 ( )를 찾지요. 베트남은 가당 음료 소비가 예전보다 크게 늘며, 소아 ( )도 두 배 가까이 증가했어요. 설탕세는 104개국에서 시행 중이에요.

설탕세, 비만 예방에 효과 있을까?

2018년 영국은 설탕세를 도입했어요. 이후 일부 지역에서 가당 음료 소비가 줄고, 소아 비만도 감소했어요. 특히 소득이 낮은 지역 어린이들이 음료를 덜 사면서 효과가 뚜렷했지요. 하지만 모든 어린이에게 같은 효과가 나타난 것은 아니어서, 설탕세의 효과를 놓고 다양한 의견이 나와요.

A 설탕세 시행 초기라 효과가 약할 수 있어요. 세금으로 모인 돈이 학교 운동 프로그램에 쓰이고 아이들 활동량이 늘면, 시간이 지날수록 비만은 줄어들 거예요.

B 비만의 주된 원인은 설탕이 아니라 식습관이에요. 아이들이 피자나 햄버거 같은 정크 푸드를 많이 먹는 게 더 문제 아닌가요? 설탕세만으로 비만을 해결하기는 어려워요.

C 설탕세를 가장 먼저 시행한 노르웨이에서는 사람들이 설탕이 든 제품을 사려고 다른 나라까지 가서 쇼핑한다고 해요. 설탕세를 시행하면 결국 기업과 소비자만 부담이 늘어난다는 지적도 있어요.

D 설탕세가 비만을 해결해 주는 만능열쇠는 아니에요. 당분의 해로움을 알리고, 올바른 식습관을 가르치는 교육도 필요해요. 또 세금으로 운동을 활성화하면 국민 건강을 지키는 데 도움이 될 거예요.

내 생각 정리하기

_____

_____

_____

3천만 명 넘어선 기후 난민, 우리도 안전하지 않다

"우리 마을이 물에 잠겨 가요. 엄마 아빠는 고향을 떠나 어떻게 먹고살지 걱정하시고, 저는 언제 다시 학교에 갈 수 있을지 몰라요. 우리 가족은 낯선 곳으로 떠나고 싶지 않아요."

파나마 북동부 가르디수그두브섬에 사는 미구엘의 이야기예요. 축구장 5개 크기인 이 섬에는 구나족 **원주민** 1,300명이 살아요. 하지만 해마다 홍수, **해일**, 폭풍 같은 **자연재해**가 이어지고, 해수면도 높아져 집과 거리가 물에 잠기고 있어요. 이런 상태가 계속되면 2050년에는 섬이 완전히 사라질 수 있어요. 그래서 파나마 정부는 주민들을 모두 **이주**시키기로 했어요. 정부는 앞으로 3만 명이 넘는 기후 난민이 생길 것으로 보고 있어요.

이 섬 주민들은 라틴 아메리카의 첫 기후 난민이에요. 기후 난민은 지구 온난화 같은 기후 변화 때문에 살던 곳을 떠나야 하는 사람들을 말해요. 예전에는 아시아와 아프리카 같은 개발도상국에 많았지만, 요즘은 미국, 독일, 호주 같은 선진국에서도 늘고 있어요.

한 난민 단체에 따르면 2022년 한 해 동안 약 3천 2백만 명의 기후 난민이 생겼어요. 지난 10년 평균보다 41퍼센트 이상 늘어난 수치로, 전쟁 난민(약 2천 8백만 명)보다 많아요. 이는 앞으로 전쟁보다 기후가 사람들의 삶에 더 큰 영향을 줄 수 있다는 사실을 **시사**해요.

알쏭달쏭 어휘 사전

· **원주민**(原住民) 예부터 그곳에 살아온 사람들.
· **해일**(海溢) 바닷물이 갑자기 육지로 넘쳐 드는 현상.
· **자연재해**(自然災害) 태풍, 지진처럼 자연 현상으로 인해 받게 되는 큰 피해.

· **이주**(移住) 다른 곳으로 옮겨 삶.
· **시사**(示唆) 어떤 사실을 넌지시 알리거나 암시함.

세계 첫 기후 난민은?

태평양의 작은 섬나라 키리바시의 국민 이오아네 테이티오타는 해수면 상승으로 고향이 물에 잠기자, 2013년 뉴질랜드에 난민 보호를 신청했어요. 하지만 위험 수준이 아니라는 이유로 받아들여지지 않자, 이후 유엔 인권위원회에 도움을 요청했어요. 2020년 유엔은 "기후 위기로 생명을 위협받는 사람을 돌려보내는 건 인권 침해가 될 수 있다"고 판결했어요. 이 사건은 국제적으로 인정받은 첫 번째 기후 난민 사례로 기록돼요.

2050년, 기후 난민은 10억 명

기후 난민은 홍수, 태풍 같은 자연재해뿐 아니라 해수면 상승, 가뭄, 사막화로 터전을 잃어 생기기도 해요. 아프리카는 극심한 가뭄으로 식수와 농지가 줄고, 방글라데시와 태평양 섬나라는 물에 잠길 위기에 빠졌어요. 미국과 호주에서는 대형 산불로 집을 잃는 사람이 늘고 있지요. 유엔난민기구(UNHCR)에 따르면, 2008년 이후 매년 평균 약 2천만 명 이상이 기후 난민이 되었어요. 국제이주기구(IOM)는 2050년까지 최대 10억 명이 기후 난민이 될 수 있다고 경고했지요. 기후 위기는 지금도 계속되고 있어요.

기후 난민, 누가 만들었을까?

기후 난민은 주로 개발도상국에서 발생하지만, 원인은 선진국의 오랜 산업 활동에 있어요. 전 세계 온실가스의 약 80퍼센트를 미국, 유럽연합, 중국 등 상위 20개국이 배출해요. 반면 개발 도상국은 거의 배출하지 않는데도 해수면 상승과 재난으로 큰 피해를 보고 있어요. 이런 '기후 불평등'은 국제 사회가 꼭 해결해야 할 문제예요.

더 생각해 보기

투발루 외교 장관의 수중 연설

2021년 남태평양 섬나라 투발루의 외무장관은 허벅지까지 물에 잠긴 채 연설을 했어요. 지구 온난화로 해수면이 올라 자국이 수몰 위기에 처했다는 사실을 세계에 알리기 위해서였지요. 연설 장소도 원래는 육지였던 곳이었어요. 투발루는 해수면이 매년 5밀리미터씩 높아져 국민 약 1만 2천 명이 생존을 위협받고 있어요. 이 영상은 세계에 퍼져 기후 위기의 현실을 알렸고, 유엔이 기후 난민 문제를 본격적으로 논의하는 계기가 되었어요. 하지만 기후 난민은 아직 국제법상 난민으로 인정되지 않아 법적 보호를 받기 어려워요.

1 기사 내용과 같으면 ○, 다르면 × 표시를 하세요.

(1) 가르디수그두브섬은 자연재해와 해수면 상승으로 물에 잠길 위기에 있다.　　　(　　　　)

(2) 파나마 정부는 섬 주민을 이주시키지 않고, 섬을 보호하기로 했다.　　　　　(　　　　)

(3) 기후 난민은 선진국에서도 발생한다.　　　　　　　　　　　　　　　　　(　　　　)

(4) 2022년 한 해 동안 생긴 기후 난민은 전쟁 난민보다 적었다.　　　　　　　(　　　　)

2 밑줄 친 곳에 들어갈 알맞은 어휘를 **보기** 에서 골라 적으세요.

> **보기**　　원주민, 이주, 시사, 해일

(1) 이 작가의 작품은 사회 문제를 깊이 있게 (　　　　　　　)하고 있다.

(2) 공장이 문을 닫자 많은 사람이 다른 도시로 (　　　　　　　)했다.

(3) 박물관에서 아마존 (　　　　　　　)의 전통 생활을 소개하는 전시가 열렸다.

(4) 해변 마을에 (　　　　　　)이 덮쳐 큰 피해가 발생했다.

3 괄호 안에 알맞은 낱말을 넣어, 기사를 완성해 보세요.

내가 뽑은 제목:

_____

가르디수그두브섬은 (　　　　　　)와 해수면 상승으로 물에 잠길 위기에 있어요. 원주민 1,300명은 결국 고향을 떠나 다른 곳으로 (　　　　　　)했지요. 이렇게 기후 변화로 삶의 터전을 잃는 (　　　　　)이 세계 곳곳에서 늘고 있어요. 이는 앞으로 전쟁보다 기후가 사람들의 삶에 더 큰 (　　　　　　)을 미칠 수 있다는 사실을 시사해요.

우리나라도 기후 난민을 받아들여야 할까?

2023년 11월, 호주는 투발루와 특별 협정을 맺어 매년 280명의 투발루 국민에게 특별 비자를 주기로 했어요. 기후 난민을 받아들여 이주와 정착을 돕는 거예요. 또, 외국의 침략이나 자연재해가 생기면 호주가 투발루를 방어하는 안보 협정도 체결했어요. 앞으로 기후 난민이 더 늘 것으로 예상되는데, 우리나라도 호주처럼 기후 난민을 받아들여야 할까요?

A 여건이 된다면 기후 난민을 받아들여야 해요. 기후 변화는 전 세계가 함께 풀어야 할 문제니까요. 기후 난민을 적극적으로 수용하면 국제 사회에서 우리나라의 위상도 높아질 거예요.

B 난민을 받아들이는 데 큰 비용이 들어요. 이주, 정착, 복지 지원까지 생각하면 국가 재정에 부담이 될 수 있어요. 그 돈으로 우리나라 노인, 장애인, 청년을 지원하는 게 더 낫다고 생각해요.

C 기후 난민은 온실가스를 많이 배출한 나라들 때문에 피해를 본 사람들이에요. 우리나라도 책임이 있으니 받아들여야 해요. 부족한 노동력을 채우는 데도 도움이 될 거예요.

D 기후 난민은 언어나 문화가 달라 사회 갈등을 부를 수 있어요. 지금도 외국인 차별이 있는데, 기후 난민이 늘면 더 심해질 거예요. 게다가 기후 난민 기준이 애매해 혼란을 줄 수 있어요.

내 생각 정리하기

_____

_____

_____

⟨하여가⟩와 ⟨단심가⟩, 두 마음의 노래

하여가

이방원

이런들 어떠하며 저런들 어떠하리
만수산 드렁칡이 얽혀진들 어떠하리
우리도 이같이 얽혀져 백 년까지 누리리라

이렇게 하든 저렇게 하든 무슨 상관이랴.
만수산의 칡덩굴이 서로 얽히듯
우리도 굳게 하나 되어 오래도록 함께하자.

단심가

정몽주

이 몸이 죽고 죽어 일백 번 고쳐 죽어
백골이 진토 되어 넋이라도 있고 없고
임 향한 일편단심이야 가실 줄이 있으랴.

이 몸이 아무리 죽고 또 죽어
뼈가 흙이 되고 넋마저 사라져도
임을 향한 한결같은 마음만은 변하지 않으리.

어휘

드렁칡 언덕에 엉켜 자라는 칡덩굴.
백골(白骨) 죽은 사람의 몸이 썩고 남은 뼈.
진토(塵土) 먼지와 흙.

넋 사람의 정신이나 혼.
일편단심(一片丹心) 한결같고 진실한 마음.

중심 내용 요약하기

〈하여가〉와 〈단심가〉의 역사적 배경

아버지 이성계를 도와 조선을 세우려던 이방원은 고려의 신하 정몽주의 마음이 궁금했어요. 그래서 정몽주를 불러 조선 건국에 동참할지 떠보려고 〈하여가〉를 지어 건넸어요. 당시에는 시조를 주고받으며 속마음을 전하는 문화가 있었거든요. 〈하여가〉를 읽은 정몽주는 곧바로 뜻을 알아채고, 고려를 끝까지 지키겠다는 마음을 담아 〈단심가〉를 지어 답했어요. 결국 이방원은 정몽주를 선죽교에서 제거했어요. 지금도 선죽교 돌에는 정몽주의 피가 스며 있다고 전해져요.

〈하여가〉와 〈단심가〉에 담긴 의미

〈하여가〉는 '고려가 망하고 새로운 나라가 서도 괜찮으니, 칡덩굴처럼 서로 얽혀 함께 살자'는 내용이에요. 이방원이 새 나라 조선을 함께 세우자고 권유한 것이지요. 반면 〈단심가〉는 '백 번 죽어 뼈가 흙이 되고 영혼이 사라져도, 고려 임금에 대한 충성은 변치 않는다'고 해석할 수 있어요. 이방원의 제안을 강하게 거절한 거예요.

시조의 특징

시조는 고려 후기부터 조선 전기에 나타난 우리 고유의 정형시예요. 보통 초장(주제), 중장(전개), 종장(마무리)의 3장으로 이루어져 있고, 45자 안팎으로 글자 수도 일정해요. 조선 후기로 가면서 음악이 더해져 노래로 부르게 되었고, 이를 가곡창이라고 해요.

조선의 기틀을 다진 권력자, 이방원(1367년~1422년)

조선을 건국한 태조 이성계의 다섯째 아들이에요. 아버지를 도와 조선 건국에 앞장섰고, '왕자의 난'을 일으켜 조선의 제3대 왕 태종이 되었어요. 세종 대왕의 아버지이기도 해요.

끝까지 고려를 지킨 충신, 정몽주(1337년~1392년)

고려 말기 공민왕의 신임을 받은 충신이에요. 조선을 세우려는 세력에 맞서 끝까지 고려를 지키려 했으나 결국 이방원에게 목숨을 잃었어요.

1 편지 내용과 같으면 ○, 다르면 × 표시를 하세요.

(1) 이방원은 〈하여가〉를 지어 정몽주에게 조선을 함께 세우자고 권했다.　（　　　）

(2) 정몽주는 〈단심가〉를 지어 이방원의 제안을 받아들였다.　（　　　）

(3) 시조는 초장, 중장, 종장으로 이루어진 우리 고유의 정형시다.　（　　　）

2 밑줄 친 곳에 들어갈 알맞은 어휘를 보기 에서 골라 적으세요.

> **보기**　넋, 백골, 진토, 일편단심

(1) 전쟁터에는 수많은 （　　　　　　　）이 흙 속에 묻혀 있었다.

(2) 멋진 아이돌 무대에 （　　　　　　）을 잃었다.

(3) 오래된 무덤은 이미 （　　　　　　）로 변해 자취를 찾기 어려웠다.

(4) 그는 어떤 유혹에도 흔들리지 않는 （　　　　　）의 충신이었다.

〈하여가〉와 〈단심가〉 중 내 마음에 더 와닿은 시조는 어느 쪽이고, 그 이유는 무엇인가요?

_____

_____

_____

_____

3주차

#디지털화폐
#신조어
#우주쓰레기
#청소년SNS금지법
#멸종위기종
#탈무드

디지털 화폐 시대, CBDC가 온다

2025년 6월 30일, 우리나라의 중앙은행인 한국은행이 '프로젝트 한강'이라는 이름으로 CBDC 사용성 테스트를 마쳤어요. CBDC는 중앙은행 디지털 화폐(Central Bank Digital Currency)의 **약자**로, 중앙은행이 발행하는 법정 화폐예요. 정부가 보증하기 때문에 지폐나 동전 없이도 쓸 수 있지요.

블록체인 기술을 사용한다는 점에서 비트코인과 비슷하지만, CBDC는 시세가 변하지 않고 실제 돈과 같은 가치를 지녀요. 또, '○○ 페이'처럼 전자 지갑에서 QR 코드를 찍어 결제하면 바로 판매자 지갑으로 돈이 들어가요.

소비자는 기존 모바일 결제와 크게 다르지 않다고 느끼겠지만, 국가는 실물 화폐 관리 비용을 **절감**하고 세금이나 지원금을 더 빠르고 안전하게 지급할 수 있어요. 또 **통화량**을 조절하거나 **탈세**, 불법 거래를 단속하는 데도 유리하지요.

다만 일부에서는 CBDC가 보급되면 전자 지갑 소유자의 **신상 정보**를 정부가 감시할 수 있다며 우려해요. 그래서 많은 나라가 아직 정식 도입을 서두르지 않지요. 현재 중국은 '디지털 위안화'를 시범 운영 중이며, 일본과 유럽연합도 테스트를 마치고 도입을 신중히 검토하고 있어요.

알쏭달쏭 어휘 사전

· **약자**(略字) 긴말을 줄여 만든 글자.
· **절감**(節減) 아끼고 줄임.
· **통화량**(通貨量) 나라 안에서 실제로 쓰는 돈의 양.

· **탈세**(脫稅) 세금을 내지 않음.
· **신상 정보**(身上情報) 한 사람에 대한 개인적인 정보.

지금은 핀테크 시대

핀테크(FinTech)는 '금융'을 뜻하는 파이낸스(Finance)와 '기술'을 뜻하는 테크놀로지(Technology)를 합친 말이에요. 예전에는 예금이나 송금, 대출을 하려면 꼭 은행에 가야 했어요. 하지만 이제는 컴퓨터나 스마트폰만 있으면 언제 어디서나 금융 서비스를 이용해요. 신용카드 없이 앱으로 결제하거나, 메신저로 돈과 선물을 주고받을 수도 있지요. 개인 정보에 따라 자산을 관리해 주는 서비스도 있어요. 빠르고 편리하지만, 개인 정보가 유출되면 범죄에 악용될 수 있어 주의가 필요해요.

디지털 화폐, 가상 화폐, 암호 화폐의 차이점

디지털 화폐는 실제 돈처럼 쓰지만 가상 공간에만 존재하는 화폐로, 가상 화폐와 암호 화폐, CBDC를 포함해요. 가상 화폐는 인터넷 쿠폰이나 게임 머니처럼 특정한 곳에서만 쓸 수 있어요. 암호 화폐는 블록체인 기술로 만든 돈으로, 비트코인과 이더리움이 대표적이에요. 가격이 실시간으로 달라지고, 나라에서 보증하지 않아요. 반면 CBDC는 국가가 만든 디지털 돈으로, 국가가 가치를 인정해 법적인 효력을 지녀요. 가격 변동도 거의 없지요.

가상 화폐 거래의 해킹을 막는 블록체인

블록체인은 정보를 '블록'으로 묶고, 이를 사슬처럼 연결해 데이터를 저장하는 기술이에요. 원래는 비트코인 거래를 위해 만들어졌어요. 누구나 거래 내용을 확인할 수 있어 '공공 거래 장부'라고도 불러요. 정보가 투명하게 공개돼 해킹이나 조작을 막을 수 있지요. 다만 여러 사람이 함께 확인하느라 시간이 오래 걸리고, 잘못된 기록을 고치기 어려워요. 지금은 주로 가상 화폐에 쓰이지만, 금융, 의료, 유통, 투표 등 여러 분야에 활용될 수 있어요.

더 생각해 보기

사회를 감시하는 '빅 브라더'

빅 브라더(Big Brother)는 영국 작가 조지 오웰의 소설 《1984》에 나오는 독재자예요. 그는 정보 기술을 이용해 국민을 감시하고, 거짓된 생각을 강요해요. 이후 '빅 브라더'라는 말은 정보를 독점해 사회를 통제하는 권력의 상징이 되었어요. 어떤 전문가는 CBDC가 잘못 쓰이면 정부가 '디지털 빅 브라더'가 되어 국민의 금융 활동을 감시할 수 있다고 우려해요.

1 기사 내용과 같으면 ○, 다르면 × 표시를 하세요.

(1) CBDC는 한국은행 같은 중앙은행이 발행하는 디지털 화폐다. ( )

(2) CBDC는 비트코인처럼 시세가 크게 변한다. ( )

(3) CBDC를 쓰면 QR 코드로 결제할 수 있다. ( )

(4) 중국은 '디지털 위안화'를 시범 운영하고 있다. ( )

2 밑줄 친 곳에 들어갈 알맞은 어휘를 보기 에서 골라 적으세요.

보기 절감, 탈세, 통화량, 신상 정보

(1) 전기료를 ( )하려면 사용하지 않는 가전제품의 콘센트는 빼 놓아야 한다.

(2) 유명 연예인이 큰돈을 벌고도 ( )하여 뉴스에 나왔다.

(3) 요즘 물가가 계속 오르는 원인은 ( )이 많아져서다.

(4) 인터넷에 개인의 ( )를 함부로 올리면 안 된다.

3 괄호 안에 알맞은 낱말을 넣어, 기사를 완성해 보세요.

내가 뽑은 제목:

_____

한국은행이 CBDC 사용성 테스트를 마쳤어요. CBDC는 중앙은행이 발행하는 ( ) 화폐예요. 시세가 변하지 않고 ( )나 동전 없이 QR 코드로 간편하게 결제할 수 있어요. ( )나 불법 거래를 단속하는 데도 유리하지요. 그러나 일부는 개인의 ( )를 정부가 감시할 수 있다는 우려가 나와요. 그 때문에 많은 나라가 정식 도입을 미루고 있지요.

CBDC, 편리함을 위해 도입해야 할까?

CBDC는 편리하지만, 개인 정보 유출에 대한 우려도 있어요. 중국과 유럽연합은 적극적으로 추진하지만, 미국과 일본은 신중한 태도를 보여요. 우리나라는 현재 도입을 보류한 상태예요. 여러분은 CBDC에 대해 어떻게 생각하나요?

A 디지털 세대에게는 CBDC가 더 쉽고 편리해요. 현금은 잃어버릴 수도 있고, 위조 위험도 있지만 CBDC는 안전하게 사용할 수 있어요.

B 고령층은 디지털 환경에 익숙하지 않아 불편할 수 있어요. 또 중앙은행이 거래 내용을 실시간으로 들여다본다면, 소비 습관 같은 민감한 정보가 노출될 수 있어요.

C CBDC는 금융 회사를 거치지 않고 직접 결제할 수 있어 수수료가 줄어요. 해외에서 쓸 때도 환전 비용이 적고, 거래 기록이 남아 탈세나 불법 자금 추적도 쉬워요. 투명한 경제를 만드는 데 도움 될 수 있어요.

D CBDC가 도입되면 정부가 모든 사람의 자산 흐름을 감시할 수 있어요. 해킹 위험도 있어요. 사이버 공격이 일어나면 큰 피해로 이어질 거예요.

내 생각 정리하기

_____

_____

_____

'싹싹김치'부터 '느좋'까지 언어 장벽이 된 신조어

최근 온라인에서 '싹싹김치'라는 신조어가 큰 인기를 끌었어요. 한 달 동안 '싹싹김치 뜻' 검색 횟수가 **폭증**했고, 유튜브 관련 영상은 조회 수 152만 회를 **돌파**했어요. 이후 온라인 커뮤니티를 통해 빠르게 퍼지며 신조어로 자리 잡았지요.

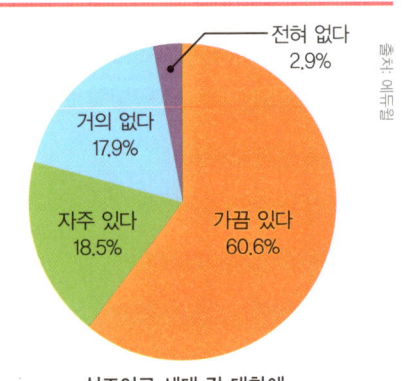

신조어로 세대 간 대화에
어려움을 느낀 빈도

- 전혀 없다 2.9%
- 거의 없다 17.9%
- 자주 있다 18.5%
- 가끔 있다 60.6%

출처: 에듀윌

'싹싹김치'의 정확한 **출처**와 뜻은 분명하지 않지만, 성취감을 느끼거나 기쁠 때 외치는 말이에요. 예를 들어 맛있는 음식을 먹거나 시험을 잘 봤을 때 "싹싹김치!"라고 말하죠.

이처럼 요즘에는 다양한 신조어를 쉽게 볼 수 있어요. 맛있는 음식을 뜻하는 '섹시 푸드', 느낌이 좋다는 '느좋', '할머니와 할아버지'의 줄임말인 '할할'도 자주 쓰여요.

하지만 **일각**에서는 신조어가 세대 간 의사소통을 어렵게 한다고 **지목**해요. 한 교육 기업이 성인 780명을 대상으로 조사한 결과, 10명 중 8명이 신조어 때문에 부모나 자녀, 직장 동료와 대화가 힘들었다고 답했어요. 한때 초·중·고등학생 사이에서 유행했던 '급식체'처럼, 신조어가 세대 간 거리감을 만들고 한글을 해친다는 걱정도 나오고 있어요.

알쏭달쏭 어휘 사전

· **폭증**(暴增) 갑자기 양이나 수가 크게 늘어남.
· **돌파**(突破) 기준이나 기록을 넘음.
· **출처**(出處) 사물이나 말이 생기거나 나온 곳.
· **일각**(一角) 커다란 전체의 한 부분.
· **지목**(指目) 특정 사람이나 사물이 어떠하다고 콕 집어 가리킴.

신조어는 왜 생겨날까?

공동체 안에서 새로 생긴 말을 '신조어'라고 해요. 과거에 없던 물건이나 현상, 개념을 표현하려고 만들지요. '대박' '스마트폰' '반려동물'처럼 널리 쓰이면 사전에 실리기도 해요. 신조어는 1990년대에 인터넷이 보급되면서 늘어났어요. 빠르게 쓰려고 사용하는 줄임말이 대부분이었지요. 이후 스마트폰이 널리 퍼지면서 신조어는 더 많아졌고, '급식체'처럼 특정 세대가 쓰는 말도 생겨났어요.

신조어가 차별과 혐오를 부추긴다고?

신조어는 같은 시대를 사는 사람들끼리 소속감을 주기도 해요. 하지만 어떤 신조어는 조롱이나 차별의 뜻을 담고 있어요. 예를 들어 '어린이'에서 따온 말인 '골린이(골프 초보)' '주린이(주식 초보)' 같은 '○린이'는 초보자를 뜻해요. 어린이가 미숙하다는 의미를 내포하는 것으로, 어린이를 낮춰 부르는 말이에요. 이런 말은 듣는 사람에게 상처가 될 수 있어요. 또 '갑분싸' '혼코노'처럼 특정 세대만 쓰는 말은 다른 세대와의 소통을 어렵게 하고, 잘 모르면 차별당한다는 느낌을 받을 수도 있어요.

다른 나라에도 신조어가 있을까?

다른 나라에는 줄임말로 만든 신조어가 많아요. '욜로(YOLO)'는 'You Only Live Once'의 앞 글자를 딴 말로, '인생은 한 번뿐이니 하고 싶은 대로 살자'라는 뜻이에요. '배(BAE)'는 'Before Anyone Else'를 줄인 말로, '아끼는 친구'라는 의미지요. '포모(FOMO)'는 '놓치는 것에 대한 두려움'을 뜻하는데, 모두가 아는 일이나 재미있는 경험을 나만 못 할까 봐 불안한 마음을 말해요. 중국의 '996'은 오전 9시부터 오후 9시까지, 주 6일 일하는 근무 방식을 뜻해요. 일본에서 쓰는 '파리피'는 '파티를 즐기는 사람'이라는 의미예요.

더 생각해 보기

사이버 언어폭력 문제

청소년의 온라인 활동이 늘면서 사이버 언어폭력도 많아졌어요. 얼굴을 마주하지 않으니 욕설이나 비속어, 은어를 쉽게 쓰지요. 친구니까 괜찮다고 여기거나, 익명성이 보장되다 보니 재미로 혐오 표현을 쓰는 경우도 있어요. 문제는 온라인에서는 피해자가 적극적으로 대응하기 어렵다는 점이에요. 이를 막으려면 꾸준한 언어 교육과 윤리 의식 강화가 중요해요. 더불어 욕설 차단 기능이나 인터넷 실명제 같은 제도적 장치도 필요해요.

1 기사 내용과 같으면 ○, 다르면 × 표시를 하세요.

(1) '싹싹김치'는 주로 기쁘거나 성취감을 느낄 때 쓰는 말이다.　　　　　(　　　　)

(2) '느좋'은 '느낌이 좋다'를 줄인 말이다.　　　　　　　　　　　　　　(　　　　)

(3) 신조어는 항상 한글의 우수성을 높여 준다.　　　　　　　　　　　　(　　　　)

(4) 신조어 사용이 세대 간 의사소통을 어렵게 한다는 지적도 있다.　　　(　　　　)

2 밑줄 친 곳에 들어갈 알맞은 어휘를 **보기** 에서 골라 적으세요.

보기　지목, 폭증, 출처, 일각

(1) 경찰에서는 이번 사건의 주범으로 이 씨를 (　　　　　　　)했다.

(2) 기사에 자료를 사용할 경우, (　　　　　　　)를 반드시 표기해야 한다.

(3) 신제품이 인기를 끌면서 주문량이 (　　　　　　)했다.

(4) 지금까지 알려진 사실은 빙산의 (　　　　　　)이다.

3 괄호 안에 알맞은 낱말을 넣어, 기사를 완성해 보세요.

내가 뽑은 제목:

_____

최근 온라인에서 '싹싹김치'라는 (　　　　　　)가 큰 인기를 끌고 있어요. 검색 횟수도 늘고, 관련 영상은 조회 수 152만 회를 넘었어요. 정확한 (　　　　　　)와 의미는 분명하지 않지만, 즐거운 순간에 외치는 말로 쓰여요. 한편 일각에서는 신조어가 (　　　　　　) 간 의사소통을 어렵게 하고 (　　　　　　)을 해친다고 걱정해요.

신조어 사용, 언어 파괴일까 새로운 문화일까?

'초등학생과 대화할 수 있다'라는 주제로 신조어를 소개한 방송이 있었어요. 그런데 방송에 혐오 표현이 등장했다는 비판이 나왔고, 이를 따라 하는 청소년이 늘어나며 논란이 됐어요. 여러분은 어떻게 생각하나요?

A 신조어는 또래 문화의 일부예요. 재미있으니 유행하는 거죠. 또래 친구들과 잘 어울리려면 어느 정도는 급식체를 쓸 줄 알아야 해요.

B 모든 신조어가 문제는 아니지만, 혐오나 차별 표현이 담긴 말도 있어요. 뜻도 모른 채 따라 쓰는 건 위험해요. 신조어를 비판적으로 바라보는 태도와 올바른 언어 교육이 필요해요.

C 신조어는 과거에도 있었어요. 자연스러운 현상이죠. 언어를 더 풍성하게 만들기도 하고요. 다만 뜻을 모르는 사람을 무시하거나 불쾌하게 해서는 안 돼요.

D 신조어도 언어의 일부지만, 남을 비하하는 표현은 삼가야 해요. 나도 모르는 사이에 상대에게 언어폭력을 가할 수 있고, 이는 사회 갈등으로 이어질 수 있어요.

내 생각 정리하기

핵심 단어: 우주 쓰레기

세계 최초의 나무 인공위성, 꿈을 싣고 우주로 날다

일본 교토대학교 연구팀이 세계 최초의 나무 인공위성 '리그노샛'을 우주로 발사했어요. 이 위성은 우주 쓰레기를 줄일 새로운 대안으로 주목받고 있어요.

리그노샛은 목련나무과 활엽수(넓은 잎이 달린 나무)로 만든 초소형 위성이에요. 금속과 접착제는 쓰지 않았지요. 한 변이 10센티미터인 정육면체 모양으로, 무게는 약 1킬로그램이에요. 우주의 극한 환경에서 나무가 어떻게 변하는지 알아보는 센서도 탑재했어요. 앞으로 6개월 동안 지구를 돌며 정보를 보낼 예정이에요.

현재 지구 궤도에는 1만 개가 넘는 위성이 있어요. 대부분 금속으로 만들어져, 임무를 마치고 귀환할 때 대기권에서 연소되며 유해 물질을 만들어요. 하지만 목재 위성은 완전히 타서 사라지기 때문에 환경에 해를 끼치지 않아요.

우주 쓰레기 문제 말고도 위성을 나무로 만든 중요한 이유가 있어요. 우주에는 산소와 물이 없어 나무가 썩거나 불에 탈 위험이 적기 때문이에요. 개발에 참여한 교토대 교수는 "이번 실험이 성공하면, 우주에서 나무로 된 집을 짓고 살게 될 것"이라고 말했어요.

알쏭달쏭 어휘 사전

· **극한**(極限) 사물이 도달할 수 있는 마지막 단계나 지점.
· **탑재**(搭載) 배나 비행기 등에 물건을 싣는 일.
· **귀환**(歸還) 떠났던 사람이 원래 있던 곳으로 돌아옴.

· **연소**(燃燒) 물질이 타면서 열과 빛을 내는 현상.
· **목재**(木材) 건축이나 가구에 쓰는, 나무로 된 재료.

인공위성은 왜 필요할까?

행성 주위를 도는 천체를 '위성'이라고 해요. 그중 사람이 만든 것을 '인공위성'이라고 하지요. 인공위성은 지구 궤도를 돌며 우리 생활에 꼭 필요한 정보를 알려 줘요. 지구 관측 위성은 지구 환경을 살피고, 기상 위성은 날씨를 예보하고, 통신 위성은 인터넷과 방송을 가능하게 하죠. 그 외에도 군사용 위성, 우주를 연구하는 우주 탐사 위성, 위치를 알려 주는 지피에스(GPS) 위성 등이 있어요.

크기에 따라 종류가 다른 인공위성

인공위성은 크기에 따라 이름이 달라요. 가장 작은 펨토 위성은 몇십 그램, 피코 위성은 1킬로그램 이하, 나노 위성은 1~10킬로그램 정도예요. 이들은 '꼬마 위성'이라고도 불러요. 예전에는 100킬로그램이 넘는 위성이 많았지만, 기술이 발전하면서 작고 가벼운 위성도 많이 개발되었어요. 이제는 학교나 개인도 위성을 만들어 우주로 보낼 수 있어요. 실제로 2006년에는 한국항공대학교에서, 2012년에는 경희대학교에서 직접 개발한 위성을 쏘아 올렸어요.

우주는 어떤 환경일까?

우주는 사람이 살기 힘들어요. 공기가 없어 숨 쉴 수 없고, 햇빛이 닿는 곳과 그렇지 않은 곳의 온도 차가 매우 커요. 금성은 480도, 목성은 영하 145도, 천왕성은 영하 224도나 돼요. 자외선과 방사선도 강하지요. 그래서 우주에서는 특수한 우주복을 입어요. 여러 겹의 잘 타지 않는 섬유로 만든 이 우주복 안에는 냉각 장치와 산소 공급 장치가 들어 있어요. 무게는 100킬로그램쯤 되지만, 우주에서는 거의 느껴지지 않아요. 인공위성도 이런 환경을 견디기 위해 특별한 소재와 기술로 만들어요.

더 생각해 보기

늘어나는 우주 쓰레기, 해결책은?

수명이 다한 인공위성은 우주 쓰레기가 되어 궤도를 떠돌아요. 로켓 조각까지 합치면 수천만 개나 되지요. 현재 지구 궤도에 있는 쓰레기는 약 4만 개로, 5년 전보다 60퍼센트나 늘었어요. 이 쓰레기들은 총알보다 10~20배 빠르게 움직여, 다른 위성과 충돌하거나 지구로 떨어질 수 있어 위험해요. 이를 막기 위해 미국과 유럽은 로봇 팔, 그물, 작살을 이용해 쓰레기를 수거하고, 일본은 자석으로 끌어와 대기권에서 태우는 실험을 하고 있어요.

1 기사 내용과 같으면 ○, 다르면 × 표시를 하세요.

(1) 리그노샛은 세계 최초의 나무로 만든 인공위성이다. ( )

(2) 리그노샛은 금속과 접착제를 사용했다. ( )

(3) 목재 위성은 대기권에 들어올 때 완전히 타서 환경에 해를 주지 않는다. ( )

(4) 우주는 산소와 물이 많아서 나무 위성이 쉽게 썩거나 불에 탄다. ( )

2 밑줄 친 곳에 들어갈 알맞은 어휘를 보기 에서 골라 적으세요.

보기 극한, 탑재, 귀환, 연소

(1) 산소가 부족하면 ( )가 제대로 이루어지지 않는다.

(2) 이 차량에는 최신 내비게이션이 ( )되어 있다.

(3) 우주 비행사가 무사히 지구로 ( )했다.

(4) 그는 ( )의 추위 속에서도 침착함을 잃지 않았다.

3 괄호 안에 알맞은 낱말을 넣어, 기사를 완성해 보세요.

내가 뽑은 제목:

＿＿＿＿＿＿＿＿＿＿＿＿＿＿＿＿＿＿

세계 최초의 나무 인공위성 '리그노샛'이 우주로 발사됐어요. 금속 대신 목재로 만든 이 위성은 우주 ( )를 줄일 새로운 ( )으로 주목받고 있어요. 임무를 마친 뒤 대기권에서 연소돼도 ( ) 물질이 생기지 않고, 우주에는 ( )와 물이 없어 불에 탈 위험도 없기 때문이에요.

우주 쓰레기, 누가 책임지고 치워야 할까?

1978년, 미국 항공우주국(NASA)의 과학자 도널드 케슬러는 "지구를 도는 인공위성이 계속 충돌하면, 토성의 고리처럼 쓰레기가 지구 주위를 빽빽하게 둘러쌀 수 있다"고 미래의 우주 쓰레기 문제를 예측했어요. 이런 일이 일어나지 않도록, 우주 쓰레기를 어떻게 처리할지 논의가 필요해요.

A 공원에 가면 '내 쓰레기는 내가 치우자'라는 팻말을 볼 수 있어요. 우주 쓰레기도 마찬가지예요. 우주 쓰레기를 만든 국가가 스스로 치우는 게 가장 합리적인 방법이에요.

B 우주 쓰레기가 늘어난 이유는 명확한 규제가 없기 때문이에요. 지금이라도 누가 책임지고, 비용을 부담할지 기준을 정해야 해요. 그러려면 국제적인 협력이 꼭 필요해요.

C 모든 나라가 똑같이 책임질 수는 없어요. 위성을 많이 쏘아 올린 나라가 더 많이 책임져야 해요. 위성을 쏘지 않은 나라까지 비용을 부담하는 건 불공평해요.

D 우주 쓰레기 위험이 커지자 국제 사회는 임무를 마친 위성을 25년 안에 치우자는 '25년 규칙'을 만들었어요. 최근에는 유럽과 미국이 이를 강화해 '5년 규칙'을 내놨지요. 이런 규정을 잘 지킨다면, 우주 쓰레기도 줄지 않을까요?

내 생각 정리하기

호주, 세계 최초
청소년 SNS 금지법 도입

세계 최초로 만 16세 미만 아동·청소년의 SNS 사용을 **전면** 금지하는 법안이 2024년 11월 호주 의회를 통과했어요. 2025년 12월부터 시행될 예정이며, 16세 미만은 SNS 계정을 만들 수 없어요. 이를 어기면 플랫폼 회사는 최대 5천만 호주 달러(한화 약 455억 원)의 **과징금**을 내야 해요.

SNS가 아동·청소년의 정신 건강에 해롭다는 걱정은 오래전부터 있었어요. 쉽게 중독될 뿐 아니라, 오래 사용할수록 우울증 발생 위험이 2배 이상 높아진다는 연구 결과도 있었지요. 그래서 SNS 이용 시간제한, 메시지 차단 같은 보호 조치가 시행돼 왔어요.

이번 호주 법안은 여기서 더 나아가, SNS 사용 자체를 막는 강력한 조치예요. 특히 연령 확인과 보호 책임을 부모가 아닌 SNS 플랫폼 회사에 맡긴 점도 눈에 띄어요. 법안이 통과되자, 다른 나라들도 비슷한 논의를 시작했어요. 영국은 플랫폼 회사의 책임을 강화하고, 이용자 보호 기능을 개선하는 방향으로 정책을 조정했어요. 미국 플로리다주는 16세 미만 SNS 제한법을 추진 중이에요.

하지만 유튜브는 금지 대상에서 빠져 **형평성** 문제가 논란이 되었어요. 청소년의 기본권을 지나치게 **침해**한다는 반대 의견도 나왔지요. 청소년 SNS 금지법이 실제로 자리 잡으려면 아직 **넘어야 할 산이 많아요**.

알쏭달쏭 어휘 사전

· **전면(全面)** 모든 면 또는 모든 부문.
· **과징금(課徵金)** 규칙을 어겼을 때 내는 벌금.
· **형평성(衡平性)** 균형 잡히고 공정한 상태.

· **침해(侵害)** 남의 권리나 재산에 피해를 줌.
· **넘어야 할 산이 많다** 해야 할 일이나 과정이 많음을 나타내는 관용구.

SNS가 특히 청소년에게 위험한 이유는?

인스타그램, 틱톡, 유튜브 같은 SNS는 온라인에서 일상이나 관심사를 나누고, 사람들과 소통하는 공간이에요. 정보를 얻고 친구를 사귀는 데 도움이 되지만, 사생활 침해나 개인정보 유출은 물론이고 범죄에 휘말릴 위험도 있어요. 특히 청소년은 다른 사람과 자신을 비교하며 스트레스를 받기 쉬워요. 감정을 조절하는 전두엽이 아직 자라는 중이기 때문이에요. '좋아요'나 팔로워 수에 집착하지 않고, 절제하며 이용하는 습관이 중요해요.

알고리즘 때문에 나도 모르게 빠져든다고?

SNS나 유튜브는 우리가 누르는 '좋아요'나 시청 시간 등을 분석해 비슷한 콘텐츠를 자동으로 추천하는 알고리즘을 사용해요. 덕분에 관심 있는 정보를 쉽게 찾을 수 있지만, 좋아하는 내용만 계속 보다 보면 시간 가는 줄 모르고 빠지게 돼요. 다른 생각을 접할 기회도 줄어들지요. 그래서 SNS를 사용할 때는 내가 알고리즘을 '이용'하고 있는지, 알고리즘에 '끌려가고' 있는지 돌아보는 게 중요해요.

청소년의 SNS 사용, 각국의 대응은?

세계 여러 나라가 청소년의 SNS 사용을 규제하고 있어요. 프랑스는 15세 미만은 부모 동의 없이 가입할 수 없고, 미국은 아동을 유해 콘텐츠로부터 보호하는 법을 만들었어요. 중국은 청소년이 하루 40분 이상 SNS를 쓰지 못하게 해요. 반면 우리나라는 아직 이런 규제가 없어요. 만 14세 이상이면 누구나 인스타그램 계정을 만들 수 있어요. 하지만 전 세계적으로 청소년의 무분별한 SNS 사용에 대한 걱정이 커지면서, 인스타그램도 청소년 보호 정책을 강화했어요. 우리나라에서도 만 18세 미만 사용자의 계정은 순차적으로 비공개로 전환되고 있어요.

더 생각해 보기

청소년의 전두엽은 아직 미완성이라고?

전두엽은 뇌의 '브레이크' 역할을 해요. 충동을 조절하고, 감정을 다스리며, 행동의 옳고 그름을 판단하지요. 그런데 전두엽은 20대 중반까지 천천히 자라요. 청소년기에는 전두엽이 아직 미숙해서 자극에 더 민감하게 반응해요. 게임, 영상, SNS처럼 강한 자극에 쉽게 빠지고, 스스로 멈추기 어려워요. 그래서 중독 위험이 크고, 감정 기복도 심해질 수 있어요. 뇌가 자라는 시기에는 스마트 기기와 미디어 사용에 주의가 필요한 이유예요.

1 기사 내용과 같으면 ○, 다르면 × 표시를 하세요.

(1) 호주는 아동·청소년의 SNS 사용을 전면 금지하는 법안을 통과시켰다.　（　　　）

(2) 호주의 이 법안에 따르면 16세 미만은 SNS 계정을 만들 수 없다.　（　　　）

(3) 법안을 어기면 청소년이 벌금을 내야 한다.　（　　　）

(4) 청소년 SNS 금지법이 기본권을 침해할 수 있다는 우려도 있다.　（　　　）

2 밑줄 친 곳에 들어갈 알맞은 어휘를 보기 에서 골라 적으세요.

> **보기**　전면, 과징금, 침해, 형평성

(1) 정부는 안전을 위해 해당 도로를 （　　　　　） 통제했다.

(2) 타인의 사생활을 몰래 보는 것은 개인 권리를 （　　　　　）하는 일이다.

(3) 불법 주차 차량에 대해 （　　　　　）을 부과했다.

(4) 선발 기준이 불공정하다는 말에 （　　　　　） 논란이 일었다.

3 괄호 안에 알맞은 낱말을 넣어, 기사를 완성해 보세요.

내가 뽑은 제목:

호주에서 16세 미만 청소년의 （　　　　　） 사용을 전면 금지하는 법안이 통과됐어요. 2025년부터 시행되며, 이를 어긴 플랫폼은 （　　　　　）을 내야 해요. SNS 중독과 정신 건강 침해 우려가 그 이유예요. 하지만 형평성 문제나 청소년의 （　　　　　）을 지나치게 침해할 수 있다는 반대 의견이 있어, 이 법이 자리를 잡기까지는 넘어야 할 （　　　　　）이 많아요.

청소년 SNS 금지법, 기본권 침해일까?

호주에서 16세 미만 청소년의 SNS 사용을 금지하는 법이 생기자, 사람들의 반응은 엇갈렸어요.
많은 부모는 환영했지만, 청소년의 권리를 걱정하거나 법의 효과를 의심하는 목소리도 있었어요.
여러분의 생각은 어떤가요?

A 청소년도 표현의 자유가 있어요. SNS는 나를 표현하는 소중한 공간인데, 단지 어리다는 이유로 사용을 막는 건 부당해요.

B 표현의 자유보다 더 중요한 건 안전이에요. 아직 자아가 성장하는 청소년기에는 유해한 콘텐츠로부터 보호받아야 해요. 충분히 성장한 뒤에 자유를 누려도 늦지 않아요.

C 법으로 막아도 부모님 계정이나 다른 방법으로 SNS를 사용할 수 있어요. 차라리 SNS를 자유롭게 쓰되 올바르게 사용하는 법을 가르치는 게 낫지 않을까요?

D 모두가 함께 사용 시간을 줄이면 유혹도 줄고, 건강한 습관을 만들 수 있어요. SNS를 안 쓰는 게 오히려 또래에게도 좋은 영향을 줄 수 있다고 생각해요.

내 생각 정리하기

_____

_____

_____

멸종 위기 황새가 돌아오다

전남 나주에서 멸종 위기종인 황새 가족이 발견됐어요. 나주시 부덕동에 사는 한 시민이 고압 철탑 위 둥지에서 어미 황새와 새끼 4마리를 보고 제보했지요. 황새는 천연기념물이자 멸종 위기 야생 생물 1급이에요. 몸집이 크고 흰 깃털에 날개 끝만 검은 새로, '한새'라고도 불러요.

예전에는 우리나라에서 흔히 볼 수 있는 **텃새**였지만, 1950년대 이후부터 **자취**를 감추기 시작했어요. 농경지가 줄고 **밀렵**이 심해지면서 황새의 서식지와 먹이가 사라졌고, **개체 수**도 급격히 줄었어요. 1971년, 마지막 황새 한 쌍이 충북 음성에서 **번식** 중이라는 소식이 알려지자, 밀렵꾼이 수컷을 쏘아 죽이고 말았어요. 암컷은 혼자 남아 무정란만 낳다가 1994년에 죽었고, 이후 황새는 우리나라에서 완전히 사라졌지요.

그러다 1996년, 한국교원대학교는 황새복원연구센터를 세우고 독일, 러시아에서 황새를 들여와 복원 작업을 시작했어요. 일본에서도 황새의 수정란을 가져왔지요. 여러 해 동안 자연 번식과 방사를 거쳐 지금은 약 180마리의 황새가 우리나라에 살고 있어요. 환경 단체는 "황새가 돌아온 건 자연과 함께 살려는 노력 덕분"이라며, "앞으로도 황새의 서식지를 꾸준히 지켜볼 계획"이라고 말했어요.

알쏭달쏭 어휘 사전

· **텃새** 철을 따라 이동하지 않고 한 곳에 사는 새.
· **자취** 지나간 뒤에 남은 흔적.
· **밀렵(密獵)** 몰래 불법으로 사냥함.

· **개체 수(個體數)** 각각의 생물체 수.
· **번식(繁殖)** 생물이 늘어나서 퍼짐.

사라졌다 다시 돌아온 동물들

멸종 위기 야생 동물을 다시 자연에서 살 수 있게 돕는 것을 '복원'이라고 해요. 우리나라는 반달가슴 곰, 사향노루, 산양, 수달 등을 복원하고 있어요. 특히 지리산 반달가슴곰은 2004년부터 개체 수를 늘리려고 노력해 왔으며, 그 결과 덕유산까지 서식지를 넓히는 데 성공했어요. 1979년에 멸종한 따오기도 2019년부터 자연에 방사했지요. 복원이 중요한 이유는 생태계 균형을 지키기 위해서예요. 예를 들어 황새나 따오기가 사라지면, 그들이 먹던 개구리나 물고기가 늘어 식물과 곤충이 크게 줄어들 수 있어요. 복원은 이런 생태계 붕괴를 막고 생물 다양성을 지키는 방법이에요.

등급으로 멸종 위기 동물을 나눈다고?

멸종 위기 등급은 단순히 '희귀한 동물'이라서 정해지는 게 아니에요. 남은 개체 수, 서식지 크기, 번식 가능성 등을 종합해 판단하지요. 예를 들어 세계자연보전연맹(IUCN)은 멸종 위험도를 9단계로 나누어, 10년 동안 개체 수가 절반 이상 줄었다면 '위기(EN)'나 '위급(CR)' 같은 높은 등급으로 분류해요. 우리나라 환경부도 이 기준을 참고해 1·2급 위기종을 정해요. 등급은 매년 다시 조사해 바뀔 수 있어요. 보호 활동 덕분에 등급이 내려가기도 하고, 위기가 계속되면 더 위험한 단계로 올라가기도 해요.

멸종 위기 동물의 천국, 비무장 지대(DMZ)

우리나라 DMZ는 사람의 출입이 제한된 덕분에 다양한 동식물이 살아가요. 두루미, 재두루미, 담비, 산양, 수달, 검독수리 등 천연기념물과 멸종 위기종도 많아 세계적으로 주목받지요. 우리나라 전체 면적의 2퍼센트도 안 되는 이곳에, 멸종 위기종 102종을 비롯해 약 6천 종의 야생 생물이 서식해요. 그만큼 DMZ는 자연 생태계가 거의 그대로 보존된 아주 특별한 보호 구역이에요.

> **더 생각해 보기**
>
> ### 해외에서는 귀한 대접, 우리나라에서는 천덕꾸러기?
>
> 고라니는 세계자연보전연맹(IUCN)이 '취약(VU)' 등급으로 지정한 멸종 위기종이에요. 밀렵을 막고 서식지를 보호해야 하지요. 그런데 우리나라에서는 농작물에 피해를 주는 동물로 여겨져요. 전 세계 고라니의 90퍼센트가 우리나라에 살고 있고, 그 수가 10만 마리가 넘기 때문이에요. 중국에도 고라니가 있지만, 우리나라가 중국보다 10배 많아요. 그래서 세계적으로는 멸종 위기종이지만, 우리나라에서는 개체 수를 조절하고 있어요.

1 기사 내용과 같으면 ○, 다르면 × 표시를 하세요.

(1) 황새는 한때 우리나라 어디에서든 볼 수 있는 텃새였다. (   )

(2) 황새의 수가 줄어든 주된 원인은 날씨 변화 때문이다. (   )

(3) 황새는 멸종되었다가 복원 사업을 통해 다시 자연으로 돌아왔다. (   )

(4) 현재 우리나라에 사는 황새는 약 180마리 정도다. (   )

2 밑줄 친 곳에 들어갈 알맞은 어휘를 보기 에서 골라 적으세요.

> **보기**   텃새, 자취, 밀렵, 번식

(1) 참새는 우리 동네에서도 자주 보이는 (   )다.

(2) 야생 동물을 보호하려면 (   )을 금지하는 법을 강화해야 한다.

(3) 어릴 적 다니던 문방구는 이제 (   )를 감췄다.

(4) 습한 여름철에는 세균이 (   )하기 쉽다.

3 괄호 안에 알맞은 낱말을 넣어, 기사를 완성해 보세요.

내가 뽑은 제목:

_____

전남 나주에서 (   ) 위기종인 황새 가족이 발견되었어요. 황새는 예전에는
우리나라에서 흔히 볼 수 있는 (   )였지만, 농경지가 줄고 (   )
이 심해지면서 개체 수가 급격히 줄었어요. 1996년부터 (   ) 작업을 시작
해 지금은 약 180마리가 자연에서 번식하며 살아가고 있어요.

멸종 위기종 보호와 개발, 무엇이 우선일까?

충남 서산 중앙호수공원은 멸종 위기종인 노랑부리저어새를 비롯해 다양한 철새가 찾는 생태 공원이에요. 그런데 최근 시에서 주차장과 잔디 광장을 만들겠다고 해서 논란이 생겼어요. 자연을 지키자는 주장과 시민의 편의를 위해 개발이 필요하다는 주장이 맞섰지요. 여러분은 어떻게 생각하나요?

A 사람도 결국 자연 속에서 살아가요. 동물의 서식지가 파괴되면 생태계가 무너지고, 그 피해는 인간에게 돌아와요. 멸종 위기종을 잘 지켜야 사람도 잘 살 수 있어요.

B 자연도 중요하지만, 주민들의 생활도 고려해야 해요. 개발이 없으면 병원, 학교, 미용실 같은 시설을 이용하려고 먼 길을 다녀야 할 수도 있어요. 사람이 살기 좋은 환경이 먼저라고 생각해요.

C 많은 동물이 인간 때문에 멸종했어요. 이대로라면 황새나 반달가슴곰을 책에서만 보게 될지도 몰라요. 이제는 개발보다 보호를 우선해야 해요.

D 자연을 지키면서도 개발할 수 있는 방법을 찾아야 해요. 요즘은 친환경 기술도 많잖아요. 하나만 선택하기보다 사람과 자연이 함께 살길을 고민하면 좋겠어요.

내 생각 정리하기

《탈무드》에서 찾은 〈맹인의 등불〉

어느 깜깜한 밤, 한 남자가 길을 걷고 있었다. 그런데 **맞은편**에서 **맹인**이 **등불**을 들고 걸어오는 게 아닌가.

남자는 이상하게 여겨 맹인에게 말을 걸었다.

"당신은 앞이 보이지 않을 텐데 무슨 이유로 등불을 들고 가나요?"

그러자 맹인이 **미소**를 지으며 대답했다.

"**비록** 나는 앞을 보지 못하지만, 다른 사람은 이 등불을 볼 수 있기 때문이지요. 어두운 밤 맹인이 지나가는 걸 알 수 있으니까요."

어휘

맞은편(-便) 마주 보이는 쪽.
맹인(盲人) 앞을 보지 못하는 사람.
등불(燈-) 등잔이나 전등에 켠 불.

미소(微笑) 소리 없이 부드럽게 웃음.
비록 아무리 그러하더라도.

중심 내용 요약하기

이해력을 키우는 배경지식

5천 년의 지혜가 담긴 유대교의 경전

《탈무드》는 유대인이 소중히 여기는 경전이에요. 히브리어로 '배우다' '연구하다'라는 뜻이지요. 종교 율법, 성경 해설, 예절과 도덕 등 일상에 필요한 가르침이 담겨 있어요. 기원전 2세기부터 기록되어, 지금은 63권에 이를 만큼 방대해요.

질문하고 토론하며 배우는 하브루타

유대인은 《탈무드》를 공부할 때 둘씩 짝을 지어 묻고 답하며 토론해요. 이를 '하브루타'라고 하는데, 히브리어로 '친구'를 뜻하는 '하베르'에서 나온 말이에요. 유대인은 나이, 성별, 신분에 상관없이 하브루타를 통해 자유롭게 의견을 나누며 진리를 찾아가요. 부모나 교사가 정답을 바로 알려 주기보다 스스로 답을 찾도록 이끌지요. 그래서 자연스럽게 지식과 깨달음을 얻을 수 있어요.

글의 형식 알아보기

《탈무드》는 왜 다양하게 해석될까?

《탈무드》는 종교, 법, 도덕, 경제 등 여러 주제를 우화, 일화, 짧은 대화 같은 이야기 형식으로 전해요. 그래서 사람마다 해석이 다양하지요. 예를 들어, 〈맹인의 등불〉 이야기에서 맹인이 등불을 든 이유는 자신을 보호하려는 것일 수도 있고, 다른 사람을 배려한 것일 수도 있어요. 한 가지 이야기 안에도 여러 뜻이 담겨 있는 거예요.

인물 상식

랍비(Rabbi)

랍비는 히브리어로 '나의 선생님'이라는 뜻으로, 유대교의 율법 교사를 가리켜요. 《탈무드》 같은 종교 지식을 쉽게 설명해 주고, 예배를 이끌어요. 분쟁을 조정하거나 상담을 맡는 등 공동체 지도자 역할도 하지요. 그래서 유대인들은 랍비를 깊이 존경해요.

1 《탈무드》에 대한 설명이 옳으면 ○표, 다르면 ×표 하세요.

(1) 《탈무드》는 유대교의 경전이다. ( )

(2) 탈무드는 히브리어로 '배우다' '연구하다'라는 의미다. ( )

(3) 유대인은 《탈무드》를 혼자 조용히 암기하며 공부한다. ( )

2 밑줄 친 곳에 들어갈 알맞은 어휘를 보기 에서 골라 적으세요.

보기	맹인, 등불, 비록, 맞은편

(1) 그 ( )은 마치 보이는 것처럼 장애물을 피해 길을 잘 찾아갔다.

(2) ( ) 지금은 돈이 없지만, 마음만큼은 넉넉한 부자 같다.

(3) 캄캄한 방에서 ( ) 하나만 조용히 빛났다.

(4) 나는 ( )에 앉은 친구와 눈이 마주쳤다.

생각을 확장하는 글쓰기

맹인은 누구를 위해 등불을 들었을까요? 그렇게 생각한 이유를 써 보세요.

_____

_____

_____

_____

4주 차

#히트플레이션
#촉법소년
#뇌-컴퓨터인터페이스
#히잡시위
#고수온
#편지

폭염으로 밥상 물가 폭등, '히트플레이션'이 온다

극심한 폭염으로 식량과 에너지 물가가 **급등**하고 있어요. 농수산식품유통공사에 따르면, 배추 한 포기가 열흘 만에 1,000원이나 올랐고, 사과, 대파, 상추, 김, 고기 등도 비싸졌어요.

한국은행은 최근 물가 상승의 원인 중 하나로 **이상 기후**를 꼽았어요. 이렇게 날씨가 더워져서 물가가 오르는 현상을 '히트플레이션(Heatflation)'이라고 해요. '열'을 뜻하는 히트(Heat)와 '물가 상승'을 뜻하는 인플레이션(Inflation)을 합친 말이지요.

폭염이 계속되면 농작물이 잘 자라지 못하고, 가축도 **폐사**해 식자재값이 올라요. 더운 날에는 농산물 운송에도 문제가 생기는데, 특히 고온에 약한 **엽채류**는 시들거나 썩기 쉬워요. 또 무더위에 일하려는 사람이 줄어 노동력이 **저하**되고, 에너지 사용량도 늘어나요. 이런 여러 가지 이유가 물가에 영향을 주지요.

히트플레이션은 우리나라만의 문제가 아니에요. 서아프리카는 가뭄으로 코코아값이 폭등했고, 베트남은 원두 가격이 50퍼센트 넘게 올랐어요. 세계 곳곳에서 식자재 가격이 치솟고 있지요. 전문가들은 앞으로도 이상 기후로 폭염과 물가 상승이 계속될 수 있다며, 근본적인 대책이 필요하다고 말해요.

알쏭달쏭 어휘 사전

· **급등(急騰)** 물가나 가격이 갑자기 오름.
· **이상 기후(異常氣候)** 기온이나 강수량이 평소와 다르게 나타나는 상태.
· **폐사(斃死)** 동물이나 물고기 등이 갑자기 죽음.
· **엽채류(葉菜類)** 잎을 먹는 채소.
· **저하(低下)** 수준이나 능력이 낮아짐.

인플레이션과 디플레이션

물가가 계속 오르는 현상을 '인플레이션(Inflation)'이라고 해요. 보통 수요가 늘거나 공급이 줄면 인플레이션이 발생해요. 사려는 사람은 많은데 물건이 부족해 물가가 오르면 '수요 인플레이션', 원자재 가격이 올라 물건값이 오르면 '비용 인플레이션'이라고 해요. 인플레이션이 심해지면 물건값이 너무 비싸져 생활이 어렵고, 돈의 가치가 떨어져 같은 돈으로 살 수 있는 물건이 줄어들어요. 반대로 물가가 계속 내려가는 현상은 '디플레이션(Deflation)'이라고 부르지요.

인플레이션을 막으려면?

물가를 안정시키려면 수요를 줄이거나 공급을 늘려야 해요. 하지만 현실에서는 쉽지 않아요. 그래서 정부가 상황에 따라 개입하지요. 수요를 줄여야 할 때는 세금을 올리거나 나라의 지출을 축소해, 시장에 유통되는 돈의 양을 줄여요. 반대로 공급이 부족할 때는 생산을 늘리거나 유통을 개선하는 방식으로 지원해요. 예를 들어 이상 기후로 농산물 생산이 줄면, 정부가 스마트 팜이나 신선 배송을 지원해 공급을 안정시켜요.

역사상 최악의 초인플레이션

물가가 짧은 기간에 너무 많이 올라 정부가 통제하지 못할 정도의 상황을 '초인플레이션(Hyper-Inflation)'이라고 해요. 전쟁이 일어나거나 경제가 불안할 때 일어나요. 1946년 헝가리에서는 전쟁 배상금 때문에 돈을 너무 많이 찍어 하루에 물가가 15만 퍼센트씩 올랐어요. 1해 펭괴(한화 약 2천조 원)짜리 지폐도 나왔지요. 결국 헝가리는 '포린트'로 화폐 단위를 바꾸고, 옛 돈을 거둬들이면서 물가를 안정시켰어요.

더 생각해 보기

이상 기후에도 끄떡없는 '스마트 팜'

스마트 팜(Smart Farm)은 사물 인터넷(IoT) 같은 과학 기술을 활용해 자동으로 농사를 짓는 방식이에요. 스마트폰이나 컴퓨터로 온도, 습도, 햇빛, 물 공급 등을 조절해요. 그래서 폭염이나 폭우에도 작물이 잘 자라지요. 노동력은 줄이고, 생산량은 일정하게 유지할 수 있어 미래 농업의 핵심 기술로 주목받아요. 충남 부여에서는 스마트 팜으로 토마토를 재배해요. 일반 온실에서는 보통 1년에 5~6번 수확하지만, 스마트 팜을 이용하면 무려 50번까지도 수확할 수 있어요.

1 기사 내용과 같으면 ○, 다르면 × 표시를 하세요.

(1) 극심한 폭염으로 전 세계의 식량과 에너지 물가가 크게 하락했다. ( )

(2) 히트플레이션은 날씨가 추워져서 물가가 오르는 현상이다. ( )

(3) 이상 기후로 전 세계 식자재 가격이 치솟고 있다. ( )

(4) 서아프리카에서는 가뭄 때문에 코코아 가격이 폭등했다. ( )

2 밑줄 친 곳에 들어갈 알맞은 어휘를 **보기** 에서 골라 적으세요.

> **보기** 급등, 폐사, 엽채류, 저하

(1) 공부할 때 집중력이 ( )되면 잠깐 휴식을 취한다.

(2) 폭염으로 양식장의 물고기라 대량 ( )했다.

(3) 기름값이 ( )해 대중교통을 이용하는 사람이 늘었다.

(4) 채소 가게에 진열된 ( )가 싱싱하다.

3 괄호 안에 알맞은 낱말을 넣어, 기사를 완성해 보세요.

내가 뽑은 제목:

_____

> 히트플레이션은 '( )'을 뜻하는 히트와 '물가 ( )'을 뜻하는 인
> 플레이션을 합친 말로, 이상 기후로 날씨가 너무 더워져 물가가 급등하는 현상을 뜻해
> 요. 극심한 폭염으로 농작물이 잘 자라지 못하고 가축이 ( )했어요. 식자
> 재값이 오르고, 더위로 일손까지 줄었지요. 전문가들은 근본적인 ( )이 필
> 요하다고 말해요.

히트플레이션, 정부가 농산물 가격에 대응해야 할까?

정부는 인플레이션을 잡기 위해 통화량을 조절하거나 재정 정책을 펴요. 하지만 이런 정책은 경제 전반에 영향을 주기 때문에 신중하게 결정해야 해요. 그렇다면 '히트플레이션'에 정부가 어떻게, 어디까지 대응해야 할까요?

A 농산물 가격이 오르면 이를 재료로 한 가공식품, 외식, 학교 급식 가격까지 덩달아 비싸져요. 농산물은 서민에게 꼭 필요한 먹거리이니, 정부가 가격을 통제해 물가를 안정시켜야 한다고 생각해요.

B 정부가 개입하면 시장의 자연스러운 수요와 공급 균형이 무너져 혼란이 생길 거예요. 가격을 억지로 낮추면 공급자가 손해를 보고 생산을 줄일 수 있어요. 반대로 소비자에게 보조금을 주더라도, 그 재정 부담은 결국 세금으로 돌아오지요.

C 히트플레이션으로 농산물 가격이 일시적으로 올랐다며 그냥 두면, 오히려 물가가 더 불안정해질 수 있어요. 공급자와 소비자가 안심할 수 있도록, 정부가 일정 기간 동안은 가격을 조절하는 게 좋아요.

D 저도 정부 개입이 꼭 필요하다고 생각해요. 히트플레이션은 폭염처럼 어쩔 수 없는 이유로 생긴 문제잖아요. 다만 생산 방식이나 유통 구조, 저장 기술도 함께 개선하려는 노력이 필요해요.

내 생각 정리하기

촉법소년, 5년 사이 두 배 이상 늘어나

"어차피 11살이라 처벌 안 받아요."

2024년 10월, 서울의 한 지하철역 근처 아파트에서 초등학생 A군이 경비원과 다투다, 싸움을 말리던 행인을 흉기로 찌르는 사건이 일어났어요. A군은 11세 촉법소년이라 형사 처벌을 받지 않고, 소년범으로 **송치**됐어요.

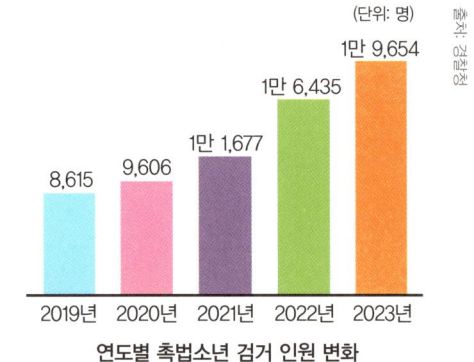

(단위: 명)
출처: 경찰청

연도별 촉법소년 검거 인원 변화

한 달 뒤, 인천의 한 상가 지하 주차장에서 불이 났어요. 범인은 초등학교 2학년 B군이었지만, 10세 촉법소년이라는 이유로 사건은 **종결**됐어요.

이처럼 처벌받지 않는 촉법소년 범죄가 최근 5년 사이 2배 이상 늘었어요. 경찰청에 따르면, 2019년 8,615명이던 촉법소년 검거 인원은 2023년 1만 9,654명으로 늘었고, 5년 동안 검찰에 넘겨진 촉법소년은 6만 명을 넘었어요.

법적으로 만 10세 이상 14세 미만은 촉법소년, 만 10세 미만은 범법 소년으로 분류돼요. 촉법소년은 감옥에 가거나 벌금을 내는 형사 처벌 대신 보호 처분을 받고, 범법 소년은 모든 처벌에서 **면제**돼요. 이런 낮은 처벌 수위 때문에 다시 범죄를 저지를 가능성이 높다는 지적이 꾸준히 **제기**됐어요. 실제로 최근 10년간 소년범의 재범률은 12퍼센트로, 성인(5퍼센트)보다 높았어요.

이런 이유로 촉법소년의 **상한** 연령을 만 12~13세로 낮추자는 법안이 여러 차례 나왔지만, 아직 국회를 통과하지 못했어요.

알쏭달쏭 어휘 사전

· **송치**(送致) 경찰이 수사한 내용을 검찰에 넘기는 것.
· **종결**(終結) 어떤 일을 끝냄.
· **면제**(免除) 책임이나 의무를 하지 않아도 되게 함.
· **제기**(提起) 의견이나 문제를 꺼내 말함.
· **상한**(上限) 가장 높은 기준이나 한계.

촉법소년 제도는 왜 생겼을까?

촉법소년 제도는 만 10세 이상 14세 미만 아동·청소년이 범죄를 저질렀을 때 형사 책임을 지지 않도록 한 법이에요. 아직 신체적·정신적으로 미성숙하다는 점을 고려해, 반성의 기회를 주고 사회에 적응하도록 돕기 위해 만들어졌어요. 촉법소년 기준은 1953년부터 지금까지 변하지 않았어요. 촉법소년은 가정 법원에서 보호 재판을 받고, 범죄 정도에 따라 사회봉사, 보호 관찰, 소년원 송치, 보호 시설 입소 등의 처분을 받아요.

엄격하게 처벌하는 엄벌주의가 답일까?

최근 촉법소년 범죄가 늘면서 '엄벌주의' 주장도 커지고 있어요. 엄벌주의는 범죄를 줄이고 경각심을 주기 위해 엄격히 처벌하자는 생각이에요. 하지만 일부 촉법소년 때문에 모든 청소년이 법의 보호를 받지 못할 수 있다는 우려도 제기돼요. 그래서 연령 기준을 낮추기보다, 보호 처분 기간을 늘리자는 의견도 나와요.

우리나라의 법체계는 어떻게 구성되어 있을까?

우리나라 법은 헌법, 법률, 명령, 조례, 규칙 등으로 이루어져요. 헌법은 가장 기본이 되는 법으로, 국민의 권리와 의무, 정부의 구조를 정해요. 이를 바탕으로 국회가 만든 법이 '법률'이에요. 민법, 형법, 형사 소송법이 여기에 포함돼요. 법률을 시행하기 위한 대통령령 같은 '명령', 지방자치단체가 만든 '조례'도 있어요. 이런 법을 모두 합쳐 '법령'이라고 불러요.

헌법
법률
명령
조례
규칙

우리나라 법체계

더 생각해 보기

다른 나라는 촉법소년을 몇 살까지로 볼까?

촉법소년의 기준은 나라마다 달라요. 프랑스는 만 13세, 캐나다는 만 12세, 영국과 호주는 만 10세까지 처벌을 하지 않아요. 미국은 주마다 다른데, 워싱턴주는 만 8세 이상 12세 미만 어린이의 경우, 죄를 이해하지 못한 것으로 판단되면 처벌하지 않아요. 중국은 만 16세까지 촉법소년으로 보고 처벌하지 않지만, 중대한 범죄일 경우 만 14세부터 처벌해요.

1 기사 내용과 같으면 ○, 다르면 × 표시를 하세요.

(1) 만 10세 미만의 어린이도 형사 처벌을 받을 수 있다. ( )

(2) 촉법소년 범죄는 최근 5년 사이 2배 이상 증가했다. ( )

(3) 소년범의 재범률은 성인보다 낮다. ( )

(4) 만 10세 이상 14세 미만은 형사 처벌 대신 보호 처분을 받는다. ( )

2 밑줄 친 곳에 들어갈 알맞은 어휘를 보기 에서 골라 적으세요.

> **보기** 종결, 면제, 제기, 상한

(1) 이 장난감은 10세 이하만 사용할 수 있도록 나이 ( )이 있다.

(2) 몸이 아파서 체육 수업에 ( )되었다.

(3) 두 나라가 평화 협정을 맺으며 전쟁이 ( )되었다.

(4) 학급 회의에서 친구가 새로운 의견을 ( )했다.

3 괄호 안에 알맞은 낱말을 넣어, 기사를 완성해 보세요.

내가 뽑은 제목:

촉법소년 범죄가 최근 5년 사이 2배 이상 늘었어요. 만 10세 이상 14세 미만은 ( )으로 분류돼 감옥에 가거나 벌금을 내는 형사 처벌 대신 ( ) 처분을 받고, 만 10세 미만은 모든 처벌에서 ( )돼요. 낮은 처벌 수위에 대한 비판과 함께 ( ) 연령을 낮추자는 법안이 나왔지만, 아직 통과되진 않았어요.

촉법소년 연령 낮추면 소년 범죄가 줄어들까?

촉법소년의 연령 기준을 낮추는 것이 좋을지를 묻는 한 설문 조사에서 응답자의 80퍼센트는 찬성했고, 15퍼센트는 잘 모르겠다고 했어요. 반대한 사람은 5퍼센트뿐이었지요. 최근 촉법소년 범죄가 늘고, 재범률도 높아지면서 연령 기준을 낮추자는 목소리가 커지고 있어요. 여러분 생각은 어떤가요?

A 일부 청소년은 자신이 촉법소년이라는 걸 알고 범죄를 쉽게 저질러요. 어른이 촉법소년을 시켜 범죄를 저지르게 하는 경우도 있어요. 이런 문제를 막으려면 촉법소년 연령을 낮춰야 해요.

B 청소년은 아직 자라는 중이에요. 범죄를 저질렀다고 해서 어른처럼 처벌하는 건 너무 이르다고 생각해요. 연령 기준을 바꾸기보다, 보호 처분을 더 엄격하게 하고 상담과 교육을 강화해야 해요.

C 무조건 나이만 낮추기보다, 범죄의 종류에 따라 다르게 처벌하는 게 나아요. 가벼운 범죄는 반성할 기회를 주고, 강력 범죄는 엄하게 처벌하는 식으로요.

D 촉법소년에게 꼭 필요한 건 강한 처벌보다 다시는 범죄를 저지르지 않도록 돕는 일이에요. 가정과 학교, 사회가 함께 청소년을 잘 돌보는 환경을 만드는 게 더 중요해요.

내 생각 정리하기

_____

_____

_____

뇌에 컴퓨터 칩 이식해 새 삶을 찾다!

테슬라의 CEO 일론 머스크가 만든 **스타트업** 회사 '뉴럴링크'는 뇌와 컴퓨터를 연결하는 '뇌-컴퓨터 인터페이스(BCI)' 장치를 개발했어요. 이 장치는 뇌에서 보내는 신호를 디지털 신호로 **변환**해 외부 장치를 **제어**할 수 있도록 **고안**되었지요. 이 칩을 처음으로 뇌에 이식받은 놀란드 아르보는 1년 넘게 생각만으로 컴퓨터를 다루며 새로운 삶을 살고 있어 화제예요.

놀란드 아르보는 2016년 다이빙 사고로 **사지**가 마비됐어요. 어깨 아래를 움직일 수 없던 그는 2024년 뉴럴링크의 실험에 참여했어요. 두 달 뒤에는 휠체어에 앉아 손을 쓰지 않고 체스를 두었지요. 1년이 지난 지금은 친구와 게임도 하고, 일본어와 프랑스어를 배우며 지내요. 그는 "불가능했던 일이 실제로 일어났다"고 기뻐했어요.

실험 중 어려움도 있었어요. 기계를 잇는 실이 빠지면서 신호가 약해지고, 마우스 속도도 느려졌지요. 하지만 뉴럴링크는 장치를 더 민감하게 만들어 문제를 해결했어요. 지금도 더 많은 환자를 대상으로 실험하며, 이 기술을 널리 활용하려고 준비하고 있어요.

알쏭달쏭 어휘 사전

· **스타트업** 새로운 기술이나 아이디어로 창업한 소규모 기업.
· **변환(變換)** 어떤 것이 달라지거나 다른 것으로 바뀜.
· **제어(制御)** 기계나 장치가 잘 작동하도록 조절함.
· **고안(考案)** 새로운 방법을 생각해 냄.
· **사지(四肢)** 사람의 두 팔과 두 다리.

뇌-컴퓨터 인터페이스 장치는 어떻게 사람의 생각을 읽을까?

뇌-컴퓨터 인터페이스는 먼저 뇌에 아주 가는 실 형태의 기기를 삽입해 뇌의 신호를 받아요. 전달된 뇌 신호는 동전 크기의 칩으로 전달되어, 컴퓨터가 이해할 수 있는 신호로 바뀌지요. 이렇게 바뀐 신호를 외부 기기인 컴퓨터로 보내면, 생각만으로 마우스를 움직이거나 자판을 칠 수 있어요.

뇌는 몸을 어떻게 움직일까?

멀리서 공이 날아오면 우리는 본능적으로 피해요. 뇌가 공을 보고 몸을 움직이라는 신호를 보내기 때문이에요. 이 신호는 '뉴런'이라는 신경 세포를 따라 우리 몸에 전달돼요. 뉴런은 감각 뉴런, 연합 뉴런, 운동 뉴런으로 나뉘어요. 감각 뉴런은 자극을 뇌로 보내고, 연합 뉴런은 반응을 정하며, 운동 뉴런은 몸을 움직이게 해요. 뉴런의 신호는 전기 신호로 전달되며, 뉴런과 뉴런 사이에는 화학 물질이 신호를 이어 줘요. 뇌-컴퓨터 인터페이스는 뉴런처럼 뇌의 신호를 몸 대신 외부 컴퓨터로 보내요.

뇌-컴퓨터 인터페이스, 어떤 일까지 할 수 있을까?

뉴럴링크는 세 가지 뇌-컴퓨터 인터페이스 장치를 개발했어요. 생각만으로 마우스를 움직이는 '텔레파시', 로봇의 팔다리를 조종하는 '텔레키네시스', 인공 시각을 제공하는 '블라인드사이트'예요. 중국에서도 하반신 마비 환자가 뇌-척추 인터페이스 장치를 이용해 걷는 데 성공했어요. 하지만 이런 기술에는 위험도 따르지요. 세계경제포럼은 누군가 몰래 뇌의 생각을 읽거나, 잘못된 신호를 보내 행동을 조종하거나, 결과를 속이는 사례들을 경고했어요. 뇌 신호는 아주 민감한 개인 정보이기 때문에 사이버 공격이나 정보 유출에 대비해야 해요.

더 생각해 보기

뇌와 척추는 어떻게 연결돼 있을까?

뇌는 온몸을 움직이는 지휘 본부예요. 하지만 뇌 혼자서 모든 신호를 전달할 수 없기 때문에 척수와 함께 움직여요. 척수는 등뼈(척추) 안에 있는 기다란 신경 다발로, 뇌의 명령을 몸 구석구석까지 빠르게 전달해요. 예를 들어 뇌가 "피해!" 하고 명령하면, 척수를 통해 그 신호가 팔과 다리로 전해져요. 척수는 피부로 느낀 감각도 뇌로 올려 보내요. 이렇게 뇌와 척수가 연결되어 있어 우리는 빠르게 반응할 수 있어요.

1 기사 내용과 같으면 ○, 다르면 × 표시를 하세요.

(1) 뉴럴링크는 뇌와 컴퓨터를 연결하는 장치를 개발했다. ( )

(2) 사고로 사지가 마비된 사람이 뉴럴링크 실험에 참여했다. ( )

(3) 뉴럴링크 장치는 손으로 조작해야만 컴퓨터를 움직일 수 있다. ( )

(4) 뉴럴링크 장치는 실험 중 문제가 있었지만, 다시 개선되었다. ( )

2 밑줄 친 곳에 들어갈 알맞은 어휘를 **보기** 에서 골라 적으세요.

보기 변환, 제어, 고안, 사지

(1) 태양 에너지는 전기로 ( )할 수 있다.

(2) 이 장치는 온도와 습도를 자동으로 ( )한다.

(3) 운동을 하면 ( )가 튼튼해진다.

(4) 그는 쓰레기를 줄일 방법을 ( )했다.

3 괄호 안에 알맞은 낱말을 넣어, 기사를 완성해 보세요.

내가 뽑은 제목:

_____

뉴럴링크는 뇌 신호를 ( ) 신호로 바꿔 외부 장치를 조작하는 뇌-컴퓨터 ( ) 장치를 개발했어요. 이 장치는 사고로 사지가 마비된 사람에게 처음 으로 ( )됐어요. 그는 ( )만으로 컴퓨터를 다루며 게임을 하 거나 외국어를 배우는 등 새로운 삶을 살고 있어요. 현재 이 기술은 더 많은 환자를 대 상으로 연구 중이에요.

뇌-컴퓨터 인터페이스, 과연 안전한 기술일까?

몸이 불편한 사람들에게 뇌-컴퓨터 인터페이스는 '꿈의 기술'로 불려요. 하지만 세계경제포럼은 생각이나 감정이 노출되거나, 해킹으로 잘못된 명령이 뇌에 전달되는 등 사생활 침해와 사이버 공격 위험이 있다고 경고해요. 위험이 있어도 기술 개발을 허용해야 할지 함께 고민해 봐요.

A 앞으로 이 장치는 감정이나 비밀스러운 생각까지 공유하게 될지도 몰라요. 개인의 비밀스런 정보가 외부에 유출되고 생각조차 감시당한다면 심각한 사생활 침해가 될 거예요. 그러니 개발을 제재할 필요가 있어요.

B 이 기술도 결국 컴퓨터이기 때문에 해킹 위험이 있어요. 뇌 신호 같은 생체 정보가 유출될 수 있지요. 그렇다고 기술 개발 자체를 막을 수는 없어요. 기술 개발과 함께 정보 보호와 법적 장치도 마련해야 해요.

C 사람들의 삶을 더 나아지게 할 기술이에요. 몸이 불편한 사람을 도울 수 있고, 게임이나 정신 건강 분야에서도 다양하게 쓰일 수 있어요. 장점이 큰 만큼, 지금은 개발을 제한하기보다 적극적으로 지원할 필요가 있어요.

D 뉴럴링크의 동물 실험은 동물에게 고통을 주어 비판을 받았어요. 첫 실험자도 중간에 실험을 포기할 뻔했지요. 어떤 부작용이 생길지 모르는 상황에서 무리한 실험은 위험해요. 인간에게 도움이 되더라도 다른 기술 실험과 마찬가지로 적절한 규제가 필요해요.

내 생각 정리하기

"히잡을 벗어라" 노래한 이란 가수, 태형 선고

이란 가수 메흐디 야라히(Mehdi Yarrahi)가 '히잡 시위' 관련 노래 때문에 **태형** 74대를 맞았어요.

히잡 시위는 2022년, 이란의 수도 테헤란에서 히잡을 제대로 쓰지 않았다는 이유로 한 여성이 경찰에 체포됐다가 **의문사**한 사건에서 시작됐어요. 이 일을 계기로 여성의 자유를 외치는 시위가 이란 **전역**으로 번졌지요. 정부는 시위에 참여한 인권 운동가와 정치인들을 체포하며 강하게 진압했어요.

야라히는 시위 1주년에 〈너의 히잡〉이라는 노래를 발표했어요. "스카프를 벗고 머리를 흩날려라"라는 가사를 담아 여성의 자유를 응원했지요. 그러나 이란 정부는 이 노래가 이슬람 가치를 **훼손**하고 공공질서를 해친다며 야라히를 체포했어요. 처음에는 징역형이 선고됐지만, 건강 문제로 **가택 연금** 1년과 태형으로 감형됐어요. 태형은 유엔이 '비인도적인 행위'로 금지한 형벌이에요.

야라히는 "자유의 대가를 치를 각오가 없다면 자유를 가질 자격이 없다"고 말했어요. 그의 태형 소식에, 표현의 자유를 억압하고 인권을 침해했다는 비판이 이란 안팎에서 쏟아졌어요. 인권 단체들은 "그가 맞는 채찍 한 대 한 대가 더 많은 여성의 목소리를 이끌어 낼 것"이라고 전했어요.

알쏭달쏭 어휘 사전

· **태형**(笞刑) 매를 때리는 벌.
· **의문사**(疑問死) 이유를 알 수 없는 죽음.
· **전역**(全域) 어떤 지역 전체.

· **훼손**(毀損) 명예나 체면을 해침.
· **가택 연금**(家宅軟禁) 집 안에만 머물게 하여 외출을 못 하게 함.

자신의 주장을 '노래'에 담은 사람들

오래전부터 노래는 자유와 권리를 외치는 수단이었어요. 1963년 미국에서 열린 '노예 해방 선언 100주년 기념식'에서는 가수 조안 바에즈가 〈우리 승리하리라(We Shall Overcome)〉를 부르며 행진했어요. 이 노래는 전쟁 반대와 인권 운동의 상징이 되었지요. 프랑스 혁명 당시 시민들은 〈라 마르세예즈〉를 부르며 자유를 외쳤고, 이 노래는 프랑스 국가가 되었어요. 우리나라의 〈임을 위한 행진곡〉도 민주화 운동을 상징하는 노래예요.

'히잡 시위'에 연대한 세계 시민들

이란의 히잡 시위는 세계로 퍼졌어요. 곳곳에서 여성 인권을 지지하며 연대하는 행동이 이어졌지요. 프랑스 여배우는 "자유를 위하여"라고 외친 뒤 머리카락을 자르는 영상을 SNS에 올렸고, 다른 배우들도 '#HairForFreedom(자유를 위한 머리카락)' 해시태그로 동참했어요. 유럽 의회 의원은 의회에서 머리카락을 잘라 뜻을 함께했고, 세계 여러 도시에서도 촛불을 밝히고 거리 시위를 벌였지요. 한 여자 체스 선수는 국제 대회에서 히잡을 벗고 경기에 나서기도 했어요.

모든 이슬람국가가 여성을 억압할까?

이슬람 경전 《코란》에는 남녀평등과 여성의 권리가 담겨 있어요. 여성의 결혼, 이혼, 재산권도 인정하지요. 하지만 일부 국가의 남성 우월주의자와 탈레반 같은 극단주의 세력이 여성을 억압하며, 조혼이나 명예 살인 같은 문제를 일으켜요. 다행히 최근에는 여성의 사회 진출과 교육 여건이 조금씩 나아지고 있어요. 사우디아라비아는 여성이 결혼, 여행, 취업 등을 할 때 남성 가족의 허락을 받아야 했던 '남성 후견인 제도'를 바꾸고, 여성의 운전을 허용했어요. 튀니지는 여성 보호법을 만들었으며, 요르단은 명예 살인 위협을 받는 여성을 위한 보호소를 마련했어요.

더 생각해 보기

이란에서 히잡을 쓰는 이유

이슬람교에는 여성의 복장 규정이 있어요. 히잡은 머리, 목, 가슴을 덮는 스카프 형태로, 얼굴은 가리지 않아요. 문화와 종교를 상징하는 복장이지만, 일부 국가에서는 이를 개인의 선택이 아닌 의무로 강요하기도 해요. 2006년 이란 정부는 여성들의 히잡 착용을 감시하고, 이슬람 규율 위반을 단속하기 위해 '도덕 경찰'을 만들었어요. 히잡 시위 이후 사람들의 반발이 거세지며 최근 도덕 경찰 폐지를 검토하고 있어요. 하지만 여전히 여성의 권리를 둘러싼 문제는 남아 있지요.

1 기사 내용과 같으면 ○, 다르면 × 표시를 하세요.

(1) 메흐디 야라히는 〈너의 히잡〉이란 노래를 불러 태형을 선고받았다.　　(　　)

(2) 이란 정부는 메흐디 야라히의 노래가 이슬람 가치를 지킨다고 칭찬했다.　(　　)

(3) 유엔은 태형을 '비인도적인 행위'라며 금지한다.　　(　　)

(4) 메흐디 야라히의 태형 소식은 표현의 자유 침해라는 비판을 불러왔다.　(　　)

2 밑줄 친 곳에 들어갈 알맞은 어휘를 **보기** 에서 골라 적으세요.

> **보기**　전역, 훼손, 태형, 의문사

(1) 조선시대 형벌 제도는 오형제로 (　　　　　), 장형, 도형, 유형, 사형이 있다.

(2) 지나치게 (　　　　)되거나 오염된 지폐는 폐기 처분한다.

(3) 해결되지 않은 (　　　　)에 대한 진상 규명이 시급하다.

(4) 태풍으로 경상도 (　　　　)에 폭우 주의보가 발령되었다.

3 괄호 안에 알맞은 낱말을 넣어, 기사를 완성해 보세요.

내가 뽑은 제목:

_____

> 이란 가수 메흐디 야라히는 히잡 시위 1주년을 맞아 〈너의 히잡〉이라는 (　　　　)를 발표한 뒤, (　　　　) 74대와 가택 연금 1년을 선고받았어요. 히잡 시위는 2022년 한 여성의 (　　　　)를 계기로 이란 전역으로 번졌어요. 이란 정부는 노래가 이슬람 가치를 훼손한다고 주장했지만, 국내외에서는 (　　　　)의 자유를 억압하는 처벌이라며 비판했어요.

여성의 히잡 착용, 문화일까 억압일까?

프랑스에서는 학교에서 히잡을 쓸 수 없어요. 공공장소에서도 얼굴과 온몸을 가리는 부르카나 니캅 착용을 금지하지요. 이를 두고 이슬람을 믿는 사람들과 히잡 금지에 찬성하는 사람들 사이에 논란이 이어지고 있어요. 여러분은 어떻게 생각하나요?

A 히잡은 여성 인권을 억압하는 상징이라고 생각해요. 여성이 자신의 신체를 가려야 한다는 생각은 잘못된 전통에서 비롯된 거예요.

B 스스로 신념에 따라 히잡을 쓰고 싶은 사람도 있어요. 법으로 히잡을 못 쓰게 금지하는 건 종교와 표현의 자유를 침해하는 일이에요.

C 수도승이 수도복을 입거나 시크교 신자가 터번을 쓰는 건 존중하면서, 니캅만 불편하게 보는 건 이슬람에 대한 편견 때문이에요. 히잡 금지법은 그런 편견에 따라 만들어진 잘못된 법이라고 생각해요.

D 얼굴을 모두 가리는 복장은 소통을 어렵게 해요. 표정도 대화의 일부인데, 얼굴이 보이지 않으면 마음을 읽기 힘들어요. 또 안전상의 이유로 신원 확인이 어려울 수 있으니, 공공장소에서는 얼굴을 가리지 않는 것이 좋아요.

내 생각 정리하기

바다의 꽃 멍게, 왜 집단 폐사했을까?

해산물을 좋아하는 개암이네 가족은 봄에 경남 통영으로 여행을 갔어요. 맛집으로 소문난 식당에서 멍게 비빔밥을 주문했는데, 양은 적고 크기는 작은 데다 값까지 비쌌어요. 식당 주인은 "지금 통영과 거제에서 멍게가 97퍼센트 이상이 폐사했어요. 이것도 간신히 구한 거예요"라고 말했어요.

2025년 봄, 국내 최대 멍게 **산지**인 통영과 거제의 양식장에는 어민들의 깊은 한숨이 이어졌어요. 바닷물 온도가 올라 멍게가 집단 폐사했기 때문이에요. 멍게는 24도 이상에서 살기 어려운데, 2024년 여름 폭염으로 바다 수온이 30도까지 올랐거든요. 전국 멍게의 70퍼센트를 생산하던 남해안 멍게가 거의 폐사하면서, **시중**에서는 멍게를 구하기 어렵고 냉동 멍게값도 두 배로 올랐어요.

매년 열리던 '초매식'도 2025년에는 취소됐어요. 초매식은 **풍년**을 빌며 멍게를 처음 경매에 내놓는 행사예요. 예전 같으면 분주했을 작업장도 올해는 조용했지요. **유례없는** 집단 폐사로 멍게수협, 어민, 국립수산과학원은 함께 '멍게 양식 안정화 조직'을 꾸려 대책을 논의했어요. 멍게수협 조합장은 "앞으로 고수온에 강한 멍게 **종자**를 개발하고, 어민 피해를 줄일 방법도 찾겠다"고 밝혔어요.

알쏭달쏭 어휘 사전

· **산지**(産地) 물건이나 식품이 생산되는 곳.
· **시중**(市中) 사람들이 다니는 거리나 시장.
· **풍년**(豊年) 곡식이 잘 자라 수확이 많은 해.

· **유례없다**(類例-) 지금까지 그런 일이 없었음.
· **종자**(種子) 동물이나 식물의 품종 또는 씨앗.

바다에도 폭염이 온다고?

우리나라 바다는 보통 수온이 약 16도예요. 그런데 2024년에는 평균 18.74도로 역대 최고치를 기록했어요. 이렇게 높은 수온이 5일 넘게 이어지면 '해양 열파(Marine Heatwave)', 즉 '바다 폭염'이 나타나요. 바다는 대기의 열을 흡수하고 저장해 지구의 온도를 조절하는데, 기후 변화로 열을 지나치게 많이 머금으면 바다 폭염이 발생해요. 그 결과 바닷속 산소가 줄어 생물이 죽고, 해수면 상승으로 태풍 같은 기상 이변이 일어날 수 있어요.

바다 생태계를 흔드는 기후 변화

바닷물 온도가 오르면서 멍게뿐 아니라 굴, 바지락, 전복, 우럭, 숭어, 정어리까지 집단 폐사하고 있어요. 우리나라 바다 수온은 1968년부터 2024년까지 1.58도 올라, 세계 평균의 2배에 달해요. 수온이 높아지자 김, 미역, 다시마 같은 해조류도 잘 자라지 못해 어업 피해도 커졌어요. 해양 생물의 먹이와 서식지도 줄어들어 해양 생태계까지 흔들리고 있어요.

현상금이 걸린 명태

예전엔 흔하던 명태가 2000년대부터 동해에서 거의 사라졌어요. 2014년 해양수산부는 살아 있는 자연산 명태를 찾으면 최대 50만 원을 주는 '명태 현상금'을 걸었고, 약 200마리가 발견돼 복원 연구에 쓰였어요. 지금도 국산 명태는 귀해요. 우리나라는 사라지는 해양 생물을 보호하기 위해 '해양 보호 구역'을 지정해 불법 어업과 개발을 제한하고 있어요. 정부는 2030년까지 전체 해역의 30퍼센트를 해양 보호 구역으로 지정할 계획이에요.

더 생각해 보기

산호초가 하얗게 변한 이유

전 세계 산호초의 80퍼센트에 '백화 현상'이 일어나 하얗게 변했어요. 백화 현상은 바닷물 온도가 올라가면서 생겨요. 산호초는 광합성을 하는 조류와 함께 살며 양분을 얻는데, 온도가 오르면 이 조류가 떠나 산호초가 하얘지다 죽지요. 산호초는 해양 생물의 터전이자 산소를 공급하고, 방파제 역할을 해요. 전문가들은 온난화가 지금보다 더 심해지면 2070년에는 산호초가 모두 사라질 수 있다고 경고해요.

1 기사 내용과 같으면 ○, 다르면 × 표시를 하세요.

(1) 개암이네 가족은 제철 멍게를 실컷 먹고 만족했다. (   )

(2) 2025년 멍게 초매식은 집단 폐사로 취소되었다. (   )

(3) 멍게는 지금도 시중에서 쉽게 구할 수 있고 가격도 저렴하다. (   )

(4) 통영과 거제는 국내 최대 멍게 산지다. (   )

2 밑줄 친 곳에 들어갈 알맞은 어휘를 **보기** 에서 골라 적으세요.

> **보기**   산지, 시중, 풍년, 유례없는

(1) 올해는 비와 햇빛이 고르게 내려서 (   )이 들었다.

(2) 새로 출시된 장난감은 곧 (   )에 풀릴 예정이다.

(3) 이 참외는 경북 성주가 (   )라서 맛이 달다.

(4) 이번 겨울 폭설은 (   ) 기상 이변이었다.

3 괄호 안에 알맞은 낱말을 넣어, 기사를 완성해 보세요.

내가 뽑은 제목:

_____

2025년 봄, 멍게 최대 (   )인 통영과 거제에서 수온이 오르며 멍게가 집단 폐사했어요. 시중에 멍게가 부족해졌고 냉동 멍게 가격도 두 배로 올랐어요. 멍게를 처음 경매하는 (   )도 열지 못했지요. (   )없는 집단 폐사로 멍게수협, 어민 등은 앞으로 고수온에 강한 (   ) 개발과 어민 지원 방안을 논의하고 있어요.

제주도 해양 보호 구역, 확대해야 할까?

제주도 해양 보호 구역은 추자도, 관탈도, 신도리, 문섬, 오조리, 토끼섬 주변 바다까지 모두 6곳이에요. 2024년 4월에는 남방큰돌고래를 보호하려고 서귀포시 신도리 해역이 해양 보호 구역으로 새로 지정됐어요. 여러 환경 단체는 다양한 해양 생물이 사는 제주도에 해양 보호 구역을 더 늘려야 한다고 주장해요.

A 제주도 연안은 우리나라에서 해양 생물이 가장 다양하게 사는 곳이에요. 남방큰돌고래, 산호, 해마처럼 희귀한 생물도 많죠. 우리 바다 생태계를 지키려면 제주 전역에 해양 보호 구역을 확대해야 해요.

B 해양 보호 구역이 늘어나면 제주도민들이 불편할 수 있어요. 어업, 양식, 해양 관광처럼 생계와 직접 관련된 활동이 제한되면 피해가 커지니까요. 아무 계획 없이 확대하면 오히려 갈등만 생길 거예요.

C 반대로 해양 보호 구역 안에서 생물이 잘 자라면, 주변 어획량이 늘고 생태 관광지로 인기를 끌 수 있어요. 시간이 걸리긴 해도 환경과 경제를 함께 살릴 수 있는 길이에요.

D 그 효과가 언제 나타날지는 알 수 없잖아요. 해양 보호 구역을 관리하려면 사람도 필요하고 예산도 많이 들죠. 지금은 해양 보호 구역을 새로 지정하기보다, 관리를 철저히 하는 게 중요해요.

내 생각 정리하기

간디가 히틀러에게 쓴 편지

친구에게

친구들이 인류를 위해 당신에게 편지를 쓰라고 **재촉**했습니다. 나는 그동안 편지를 보내는 것이 **결례**가 될까 봐 망설였지요. 어떤 사람은 계산하지 말고 쓰라고 충고했고, 나는 내가 할 수 있는 일을 해야겠다고 마음먹었습니다.

오늘날 인류를 **야만적**인 상태로 몰아가는 전쟁을 막을 수 있는 유일한 사람이 바로 당신이기 때문입니다. 당신은 당신에게 가치 있는 것이라면, 어떤 대가라도 치를 준비가 되어 있습니까? 아니면, 전쟁으로는 큰 성공을 거둘 수 없으니 **신중**해야 한다는 사람들의 이야기에 귀 기울이겠습니까?

혹시 내가 이 편지를 쓰면서 실수를 했다면, 용서해 주시길 바랍니다.

1939년 7월 23일

친애하는 당신의 친구, 마하트마 간디가

어휘

재촉 빨리하라고 조름.
결례(缺禮) 예절에 어긋남.
야만적(野蠻的) 교양 없이 거칠고 무례한 행동.

신중(愼重) 매우 조심스러움.
친애(親愛) 친하고 사랑하는 마음.

중심 내용 요약하기

이해력을 키우는 배경지식

간디는 왜 히틀러에게 편지를 썼을까?

히틀러는 독일 총통으로서 독재 정치를 하며 주변 나라를 침략했어요. 비폭력 운동을 이끌던 간디는 유럽의 전쟁을 안타깝게 지켜봤어요. 그래서 가까운 사이도 아닌데, 진심을 담아 히틀러에게 편지를 썼어요. 짧은 편지에는 전쟁을 멈춰 달라는 간절한 부탁이 담겨 있어요. '결례가 될 것 같다' '실수했다면 용서해 달라'는 말에서는 간디의 겸손한 태도를 엿볼 수 있어요.

히틀러는 간디의 편지를 받았을까?

안타깝게도 이 편지는 히틀러에게 전해지지 못했어요. 당시 인도를 지배하던 영국이 중간에서 가로챘기 때문이에요. 그로부터 한 달 뒤인 1939년 9월 1일, 히틀러가 폴란드를 침공하며 제2차 세계 대전이 시작됐어요. 6년 동안 이어진 이 전쟁은 전 세계 대부분의 나라가 참전했으며, 수많은 사상자를 냈어요. 만약 간디의 편지가 히틀러에게 전해졌다면, 제2차 세계 대전을 막을 수 있었을까요?

글의 형식 알아보기

편지글 쓰는 법

편지글은 정해진 형식이 있어요. 가장 위에 '○○에게(께)'라고 쓰고, 첫인사를 해요. 그다음 전하고 싶은 말을 쓰고, 끝인사로 마무리해요. 마지막에는 오른쪽 아래에 날짜와 이름을 적어요. 친구에게는 '○○가', 어른에게는 '○○ 올림'이라고 써요.

인물 상식

비폭력으로 싸운 지도자, 마하트마 간디(1869년~1948년)

영국의 식민 지배를 받던 인도에서 독립운동을 이끈 민족 지도자예요. 폭력 대신 협조하지 않는 방식의 '비폭력 저항 운동'을 펼쳐 전 세계에서 존경받고 있어요.

전쟁과 학살의 독재자, 아돌프 히틀러(1989년~1945년)

독일의 정치가로, 나치당을 이끌며 독재 정치를 했어요. 주변국을 침략해 제2차 세계 대전을 일으켰고, 유대인을 학살하는 끔찍한 범죄를 저질렀어요.

1 편지 내용과 같으면 ○, 다르면 × 표시를 하세요.

(1) 이 편지는 히틀러가 간디에게 쓴 편지다. （　　　）

(2) 간디는 1939년 7월 23일 이전에도 히틀러에게 자주 편지를 썼다. （　　　）

(3) 간디는 전쟁을 막기 위해 히틀러에게 호소했다. （　　　）

2 밑줄 친 곳에 들어갈 알맞은 어휘를 보기 에서 골라 적으세요.

> 보기　야만적, 결례, 신중, 친애

(1) 그는 식민지 지배 동안 (　　　　　　)인 말과 행동을 보였다.

(2) 아이돌 스타의 편지는 '(　　　　　　)하는 나의 팬들에게'로 시작하였다.

(3) 외교관의 올바르지 못한 행동은 외교 (　　　　　)라는 지적을 받았다.

(4) 중요한 선택이니 (　　　　)하게 결정해야 한다.

생각을 확장하는 글쓰기

내가 간디의 편지를 받았다면, 어떤 내용으로 답장을 쓰고 싶나요?

_____

_____

_____

_____

5주차

#OTT
#AI디지털교과서
#초가공식품
#북한군파병
#그린워싱
#일기

OTT 시대,
영화관 줄줄이 폐업

개암이네 가족은 주말에 영화관에 갔다가 당일이 마지막 영업일이라는 안내를 받았어요. 상영관에는 빈자리가 많았지요. 집으로 돌아오는 길, 개암이는 영화관이 문을 닫는다는 사실이 아쉬웠지만 크게 **개의**치 않았어요. 영화는 집에서 OTT로도 볼 수 있으니까요.

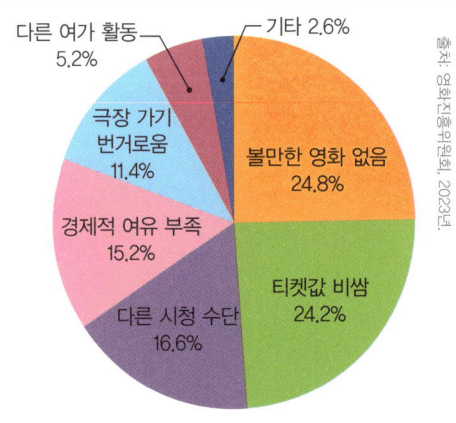

극장 관람 빈도 감소 이유

OTT(Over The Top)는 케이블이나 위성 방송 없이, 인터넷으로 영상을 제공하는 온라인 동영상 서비스예요. 넷플릭스, 디즈니플러스, 티빙 등이 대표적이지요. 최근 OTT 이용이 늘면서 TV 시청률이 떨어지고, 영화관을 찾는 관객도 줄었어요. 2024년 영화관 관객 수는 약 1억 2천만 명으로, 코로나19 이전인 2019년(약 2억 2천만 명)과 비교하면 절반 가까이 줄었어요.

CGV, 롯데시네마, 메가박스 같은 주요 영화관들은 손실이 커지면서 심각한 **운영난**을 겪고 있어요. CGV는 지점 5곳을 닫고, 직원들에게 **희망퇴직** 신청을 받았어요. 2025년 5월에는 롯데시네마와 메가박스가 관객 감소와 경영 악화를 이유로 **합병**을 논의 중이라고 밝혔어요. OTT는 영화 소비 방식은 물론, 영화 산업 전체에도 큰 **타격**을 주었어요.

영화진흥위원회 설문에 따르면, 사람들이 극장을 덜 찾는 이유는 '볼만한 영화가 없어서'와 '티켓값이 비싸서'였어요. 한 응답자는 "극장에서는 한 편에 1만 5천 원이지만, OTT 구독료는 한 달에 만 원도 안 된다"며 "다양한 영화를 언제든 볼 수 있어서 OTT를 더 자주 이용한다"고 말했어요.

알쏭달쏭 어휘 사전

· **개의**(介意) 어떤 일을 마음에 두고 신경 씀.
· **운영난**(運營難) 어떤 일을 제대로 해 나가기 어려운 상황.
· **희망퇴직**(希望退職) 회사가 인원을 줄이려고 직원에게 스스로 그만두도록 권하는 일.

· **합병**(合倂) 두 회사를 하나로 합치는 일.
· **타격**(打擊) 크게 손해를 입거나 기가 꺾이는 일.

구독 경제란 뭘까?

구독 경제는 일정한 돈을 내고 정해진 기간 동안 상품이나 서비스를 제공받는 방식이에요. 예전에는 주로 신문이나 우유를 정기적으로 배달받았다면, 지금은 분야가 훨씬 다양해졌어요. 구독 경제는 크게 세 가지로 나뉘어요. '무제한 이용형'은 넷플릭스, 애플 뮤직처럼 구독료만 내면 영화나 음악을 마음껏 이용할 수 있어요. '정기 배송형'은 생수, 반찬, 꽃, 책 등을 정해진 날짜에 정기적으로 배달해 주는 서비스예요. '임대형'은 정수기, 안마 의자, 침대처럼 물건을 빌려주고 관리해 주는 거예요.

코드 커팅과 코드 스태킹

OTT 서비스가 늘어나면서 미국에서는 케이블이나 인터넷 TV를 해지하고 넷플릭스 같은 OTT만 이용하는 사람이 늘었어요. 이런 현상을 '선을 끊는다'는 의미로 '코드 커팅(Cord-Cutting)' 현상이라고 해요. 미국은 케이블 TV 요금이 한 달에 약 100달러(한화 약 13만 원)가 넘지만, OTT 구독료는 약 20달러(한화 약 2만 6천 원)로 훨씬 저렴하거든요. 반면, 우리나라처럼 케이블 TV도 보고, OTT도 함께 구독하는 건 '여러 개를 겹친다'는 뜻에서 '코드 스태킹(Cord-Stacking)' 현상이라고 불러요.

해외에서는 OTT를 규제한다고?

OTT가 인기를 끌자 전 세계 방송국들은 위기를 맞았어요. 자국의 언어와 문화를 담은 방송을 보는 사람이 줄었기 때문이에요. 그래서 캐나다는 '온라인 스트리밍법'을 만들어 OTT도 방송법으로 규제하고, 수익 일부를 자국 콘텐츠에 투자하게 했어요. 유럽연합은 '콘텐츠 쿼터제'를 도입해 OTT에 자국 콘텐츠를 일정 비율 이상 포함하도록 했지요. 이처럼 여러 나라에서 자국 문화를 지키기 위한 제도를 마련하고 있어요.

더 생각해 보기

무엇을 볼지 고민만 하는 '넷플릭스 증후군'

주말에 넷플릭스를 켰는데, 예고편만 잔뜩 보고 정작 무엇을 볼지 고르지 못한 적 있나요? 이런 상황을 '넷플릭스 증후군'이라고 해요. 볼거리가 너무 많다 보니 오히려 선택을 어려워하는 거예요. 어떤 사람들은 '즐거운 여가를 보내야 한다'는 부담 때문에 더 신중하게 선택하려다 망설이게 된다고 말해요. 한 심리학 교수는 "선택지가 많을수록 결정이 어렵고 피로도 커진다"며, "여가 시간을 어떻게 써야 할지 익숙하지 않아서 생기는 고민"일 수 있다고 설명했어요.

1 기사 내용과 같으면 ○, 다르면 × 표시를 하세요.

(1) OTT는 인터넷으로 영상을 제공하는 온라인 동영상 서비스다.　　　　　　　(　　　)

(2) OTT 구독료는 영화 한 편 가격보다 더 비싸다.　　　　　　　　　　　　(　　　)

(3) OTT 이용이 늘면서 극장가가 큰 타격을 입고 있다.　　　　　　　　　　(　　　)

(4) 2024년 영화관 관객 수는 2019년보다 약 두 배로 늘었다.　　　　　　　(　　　)

2 밑줄 친 곳에 들어갈 알맞은 어휘를 **보기** 에서 골라 적으세요.

> **보기**　　타격, 운영난, 희망퇴직, 합병

(1) 태풍 피해로 마을 경제가 큰 (　　　　　　　　)을 입었다.

(2) 회사의 경영 악화로 어쩔 수 없이 (　　　　　　　　) 신청을 받기 시작했다.

(3) 코로나19 때문에 많은 식당이 (　　　　　　　)을 겪었다.

(4) 두 회사가 (　　　　　　)해 더 큰 기업이 되었다.

3 괄호 안에 알맞은 낱말을 넣어, 기사를 완성해 보세요.

내가 뽑은 제목:

_____

(　　　　　　)는 온라인 동영상 서비스를 말해요. 최근 OTT 이용이 늘면서 TV (　　　　　　)이 낮아지고, 영화관을 찾는 관객도 줄었어요. 2024년 관객 수는 2019년에 비해 절반 가까이 감소했고, 주요 영화관들은 지점을 닫거나 (　　　　　　) 신청을 받았어요. 사람들이 극장을 덜 찾는 (　　　　　　)로는 '볼만한 영화가 없어서' '티켓값이 비싸서' 등이 있어요.

OTT 콘텐츠, 방송법으로 규제해야 할까?

기존 지상파 방송은 문신, 흡연, 욕설, 폭력 장면 등을 내보낼 수 없어요. 방송법으로 제재하기 때문이에요. 하지만 OTT는 시청 등급만 나눌 뿐 이런 규제가 없어요. 최근 OTT 콘텐츠의 수위가 높아지며, 규제가 필요하다는 목소리가 커지고 있어요. 여러분의 생각은 어떤가요?

A OTT는 이용자가 선택해서 보는 채널이에요. 지상파처럼 모두가 시청하는 방송과 달라요. OTT에 기존 방송과 같은 기준을 적용하면 창작과 표현의 자유를 해칠 수 있어요.

B OTT에 시청 연령 제한이 있지만, 어린이나 청소년이 자극적인 장면을 손쉽게 접할 수 있어요. 폭력적이고 선정적인 콘텐츠는 법으로 제한해 시청자를 보호해야 해요.

C OTT에는 프로필 잠금, 연령 제한, 유해 콘텐츠 신고 기능이 있어요. 우리나라만 OTT를 방송법으로 규제하면, 해외 콘텐츠와 경쟁하기 어려울 수 있어요. 국제 시장에서의 경쟁력을 생각하면 과한 규제는 문제예요.

D 이제 많은 사람이 OTT를 이용해요. 지상파처럼 공공성이 커졌다면, 똑같이 규제받아야 해요. OTT에서 허위 정보나 혐오 표현이 퍼지면 사회에 혼란을 줄 수 있어요.

내 생각 정리하기

AI 디지털 교과서, 교실에 자리 잡을까?

교육부가 2025년부터 초등 3~4학년, 중1, 고1 학생을 대상으로 영어, 수학, 정보 과목에 AI 디지털 교과서를 도입했어요. 그런데 도입 4개월 만에 **제동**이 걸렸어요. 국회 법제사법위원회에서 AI 디지털 교과서를 '교과서'가 아닌 '교육 자료'로 **규정**하는 법이 통과된 거예요.

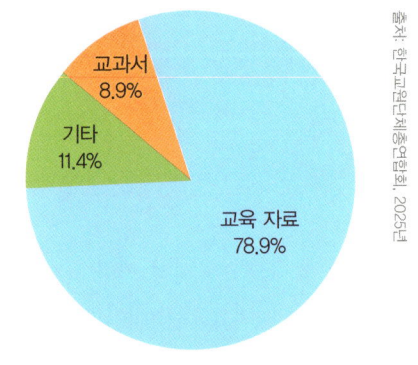

출처: 한국교원단체총연합회, 2025년

교과서 8.9%
기타 11.4%
교육 자료 78.9%

교원들이 바라본 AI 디지털 교과서 법적 지위

AI 디지털 교과서는 AI 기능이 있는 태블릿 PC를 이용해 개인 맞춤형 학습 서비스를 제공해요. 교육부는 "학생들의 학습 흥미를 높이고 학습 **격차**를 줄이는 것이 목표"라고 밝혔어요. 교사가 학생별 학습 데이터를 보고 맞춤 지도를 할 수 있다는 장점도 **언급**했지요.

이번 국회의 결정에 AI 디지털 교과서를 개발한 발행사들은 강하게 반발했어요. 교육부의 의무 도입 계획을 믿고 개발에 투자했지만, 낮은 채택률로 손해를 봤다고 주장했어요.

하지만 일각에서는 국회의 결정을 환영했어요. 한국교원단체총연합회 조사에 따르면 교원의 78.9퍼센트가 AI 디지털 교과서를 교육 자료로 규정해야 한다고 답했어요. 교과서라고 응답한 비율은 8.9퍼센트에 불과했지요. 학습 효과가 충분히 **입증**되지 않았다는 비판과, AI 디지털 교과서의 잦은 오류를 지적했어요. AI 교육은 시대의 흐름이지만, 당분간 AI 디지털 교과서를 두고 혼란이 이어질 것으로 예상돼요.

알쏭달쏭 어휘 사전

· **제동**(制動) 움직이던 것을 멈추게 함.
· **규정**(規定) 규칙이나 기준으로 정해 놓은 것.
· **격차**(隔差) 수준이나 정도가 달라 생긴 차이.

· **언급**(言及) 어떤 문제에 대해 말함.
· **입증**(立證) 증거를 보여서 사실임을 밝힘.

AI가 뭐길래, 교과서에 쓰일까?

AI는 사람처럼 생각하고 배우는 컴퓨터 기술이에요. AI의 시작은 1950년대 영국 수학자 앨런 튜링이 "기계도 생각할 수 있을까?"라고 질문한 데서 비롯되었어요. 이후 과학자들은 컴퓨터에 '학습하는 방법을 가르쳤지요. 오늘날 AI는 음악을 추천하고, 스스로 자동차를 몰고, 병도 진단해요. 교과서에도 AI가 쓰여 학생의 이해도를 분석하고, 질문에 답하지요. 이제 AI가 선생님처럼 공부를 도와주는 시대가 온 거예요.

디지털 교과서를 도입한 나라와 중단한 나라

북유럽에 자리한 에스토니아는 2018년부터 전 학교에서 디지털 교과서를 사용해요. 2025년부터는 전 세계 최초로 고등학교 교육에 챗GPT를 도입했지요. 일본은 2024년부터 초·중학교 보조 교재로 쓰고, 미국은 주별로 교육 자료로 활용해요. 반면, 스웨덴은 2017년 도입했던 디지털 교육을 2023년 전면 중단했어요. 6세 미만 아동은 기기 사용을 금지했고, 종이 교과서 보급과 도서관 지원에 큰 예산을 들이고 있지요. 핀란드와 노르웨이 또한 유아 대상 디지털 교육을 중단했어요.

디지털 교과서가 디지털 격차를 만든다고?

디지털 격차는 디지털 기기를 잘 다루는 사람과 그렇지 못한 사람 사이에 생기는 정보와 기회의 차이를 말해요. 소득, 교육 수준, 사는 지역에 따라 격차가 생기지요. 이런 문제는 개인만의 일이 아니라 사회 전체의 문제예요. 그래서 공공 기관과 학교는 누구나 디지털 기기를 잘 쓸 수 있도록 다양한 교육을 해요. 디지털 교과서가 모두에게 도움이 되려면 디지털 격차를 줄이려는 노력도 꼭 필요해요.

더 생각해 보기

문해력을 기르는 방법은?

문해력은 글을 읽고 뜻을 바르게 이해하고 해석하는 능력이에요. 미국 교육자 모티머 애들러는 《생각을 넓혀 주는 독서법》에서 문해력을 높이는 방법을 소개했어요. 글을 분석하면서 읽고, 무엇에 대해 어떻게 말하는지, 타당한지, 나에게 어떤 의미가 있는지를 생각하며 읽어야 해요. 또 글의 흐름을 놓치지 말고, 모르는 말은 사전에서 찾기보다 문맥 속에서 뜻을 짐작해 보라고 조언해요.

1 기사 내용과 같으면 ○, 다르면 × 표시를 하세요.

(1) AI 디지털 교과서는 모든 학년, 모든 과목에 도입됐다.   (   )

(2) 국회는 AI 디지털 교과서를 '교육 자료'로 규정했다.   (   )

(3) AI 디지털 교과서는 학생 수준에 맞춘 학습을 제공한다.   (   )

(4) 교원 대부분은 AI 교과서를 '교과서'로 규정해야 한다고 응답했다.   (   )

2 밑줄 친 곳에 들어갈 알맞은 어휘를 보기 에서 골라 적으세요.

보기   제동, 언급, 규정, 입증

(1) 자동차가 갑자기 멈추면서 (   )이 걸렸다.

(2) 교통안전 (   )을 어기면 벌금이 부과된다.

(3) 경찰이 범죄자의 죄를 (   )할 증거를 찾았다.

(4) 그는 자신의 롤모델로 손흥민 선수를 (   )했다.

3 괄호 안에 알맞은 낱말을 넣어, 기사를 완성해 보세요.

내가 뽑은 제목:

_____

AI (   ) 교과서가 도입된 지 몇 달 만에 국회는 이를 '교과서'가 아니라 '교육 자료'로 (   )했어요. AI 디지털 교과서는 학생마다 맞춤 학습을 도와주고, 학습 (   )를 줄이는 게 목표예요. 국회의 결정에 발행사들은 세금 낭비를 우려하며 반발했고, 교원 단체는 학습 효과가 충분히 (   )되지 않았고 오류도 많다며 찬성했어요.

교과서, 종이책이 좋을까 디지털이 좋을까?

최근 어떤 나라는 교과서를 AI 디지털로 바꾸고, 또 어떤 나라는 학생들의 문해력을 걱정해 종이 책으로 돌아가고 있어요. 학생들 사이에서도 종이책이 좋다는 의견과, 디지털이 편하다는 의견 이 나뉘어요. 여러분은 어떻게 생각하나요?

A 저는 디지털 교과서가 좋아요. 가방이 가볍고, 기기 하나로 모든 과목을 볼 수 있어 편 리해요. 영상과 소리 자료도 함께 나와서 이해가 더 잘 되고, AI가 틀린 문제를 다시 골 라 줘서 더 효과적으로 공부할 수 있어요.

B 저는 종이책이 더 나아요. 태블릿 PC 화면만 보면 눈이 아프고 집중이 안 돼요. 밑줄을 긋거나 필기하며 공부하기도 종이책이 더 쉬워요. 수업 중 기기에 오류가 나면 아무것 도 못 하는 점도 불편해요.

C 디지털 교과서는 수준에 맞는 문제를 추천해 줘서 좋아요. 수학이 어려운 학생은 쉬운 문제로, 잘하는 친구는 어려운 문제로 연습할 수 있어요. 선생님도 학생들의 학습 데이 터를 보고 난이도를 알맞게 조절할 수 있어요.

D 모든 학생이 좋은 기기를 쓰는 건 아니에요. 집에 와이파이나 기기가 없는 친구는 불리 해요. 기기를 오래 쓰면 중독되어 계속 보고 싶어지는 것도 걱정이에요. 디지털 교과서 는 여러모로 방해 요소가 많아요.

내 생각 정리하기

초가공식품, 수명도 갉아먹는다

바쁜 현대인 이개암 씨는 아침은 시리얼, 점심은 햄버거와 탄산음료, 저녁은 냉동 만두와 소시지를 전자레인지에 데워 먹어요. 밤에는 감자칩을 먹다 출출해져 **야식**으로 라면까지 먹지요. '조금만 먹어야지' 했지만, 빈 그릇을 보며 늘 후회해요. 몇 달 뒤 건강 검진에서 비만과 성인병 위험이 높다는 진단을 받았어요.

이개암 씨가 먹은 음식은 모두 초가공식품이에요. 자연 식재료를 여러 번 **가공**하고, 색소, 향료, **감미료**, 방부제 같은 인공 첨가물을 넣어 만든 식품이지요. 소비 기한이 길고 조리도 간편하지만, 단백질은 적고 당분, 지방, 나트륨이 많아 건강에 해로워요.

최근 연구에 따르면 초가공식품을 자주 먹을수록 비만, 당뇨, **심혈관** 질환 같은 성인병과 **조기** 사망 위험이 높아져요. 하버드대학교 연구팀은 초가공식품을 많이 먹는 사람은 조기 사망 위험이 4퍼센트, 암이나 심장병 외 다른 질병으로 사망할 위험은 9퍼센트 더 높다고 밝혔어요. 연구자는 "건강을 위해 초가공식품 대신 채소나 고기처럼 가공을 줄인 식품을 먹도록 하는 정책이 필요하다"고 말했어요.

알쏭달쏭 어휘 사전

· **야식**(夜食) 밤늦게 먹는 음식.
· **가공**(加工) 재료를 다듬어 새 제품을 만듦.
· **감미료**(甘味料) 단맛을 내는 재료.

· **심혈관**(心血管) 심장의 혈관.
· **조기**(早期) 이른 시기.

식품에도 단계가 있다고?

초가공식품은 2009년 브라질 상파울루 대학 연구팀이 처음 사용한 용어예요. 이들은 식품을 가공 정도에 따라 네 단계로 나눈 '식품분류체계(NOVA)'를 만들었어요. 1단계는 과일, 채소, 곡물, 고기, 달걀처럼 자연 그대로의 '비가공식품', 2단계는 설탕, 식용유, 버터, 소금, 허브처럼 가공 정도가 심하지 않은 '최소 가공식품', 3단계는 치즈, 빵, 잼, 통조림처럼 1단계에 2단계를 섞어 만든 '가공식품', 4단계는 인공 첨가물이 많이 들어가고 원재료 형태가 거의 남아 있지 않은 '초가공식품'이에요.

전쟁 때문에 발달한 초가공식품

대표적인 초가공식품 통조림은 전쟁 때문에 생겨났어요. 병사들이 굶거나 병드는 일이 많자, 음식을 오래 보관할 수 있는 방법이 필요했지요. 1804년 프랑스는 음식 보존법을 공모했고, 발명가인 니콜라 아페르가 삶은 식재료를 병에 넣고 가열한 뒤 밀봉하는 방법을 제안했어요. 1879년에는 러시아 화학자 팔버그가 설탕보다 300배 단 인공 감미료 '사카린'을 발견했지요. 사카린은 제1차 세계 대전 때 설탕 대신 많이 쓰였어요. 이처럼 식품을 싸게, 오래 보관하려는 기술이 발전하며 초가공식품도 늘었어요.

필수 영양소는 무엇일까?

우리는 생명을 유지하고 건강을 지키기 위해 음식을 먹어요. 이때 반드시 섭취해야 하는 물질을 '필수 영양소'라고 해요. 탄수화물, 단백질, 지방, 비타민, 무기질 등이에요. 이 대표 영양소를 '5대 영양소'라고 불러요. 탄수화물, 단백질, 지방은 우리 몸에 에너지를 주고 세포와 조직, 근육을 만들어요. 비타민과 무기질은 몸의 기능을 조절하고 신진대사를 돕지요. 그래서 골고루 먹는 식습관이 중요해요.

더 생각해 보기

초가공식품을 줄이려는 각국의 노력

해외 여러 나라에서는 소비자들이 건강한 식품을 고를 수 있도록 초가공식품을 줄이는 정책을 펼치고 있어요. 콜롬비아는 초가공식품에 세금을 부과하고, 벨기에는 가공식품과 초가공식품을 구분해 표시해요. 미국의 일부 주는 학교 급식에서 초가공식품을 제외하는 법안을 검토하고 있어요. 우리나라도 2026년부터 모든 가공식품에 열량, 나트륨, 당류, 지방, 콜레스테롤 등 영양 정보를 의무적으로 표기하기로 했어요.

1 기사 내용과 같으면 ○, 다르면 × 표시를 하세요.

(1) 초가공식품은 인공 첨가물을 넣어 만든 식품이다.　　　　　　(　　　)

(2) 초가공식품은 대체로 소비 기한이 짧고, 조리가 매우 복잡하다.　　(　　　)

(3) 초가공식품은 단백질이 풍부하고, 몸에 좋은 성분이 많다.　　　(　　　)

(4) 초가공식품을 많이 먹으면 성인병에 걸릴 위험이 있다.　　　　(　　　)

2 밑줄 친 곳에 들어갈 알맞은 어휘를 **보기** 에서 골라 적으세요.

> **보기**　　가공, 감미료, 심혈관, 조기

(1) 운동은 (　　　　　　) 건강을 유지하는 데 큰 도움이 된다.

(2) 이 가구는 고급 목재를 정교하게 (　　　　　)하여 만든 것이다.

(3) 질병은 (　　　　　)에 발견하면 치료하기 쉽다.

(4) 이 음식은 인공 (　　　　　) 대신 채소와 과일로 단맛을 냈다.

3 괄호 안에 알맞은 낱말을 넣어, 기사를 완성해 보세요.

내가 뽑은 제목:

_____

초가공식품은 색소, 향료, 감미료 같은 (　　　　　　) 첨가물을 넣어 만든 식품이에요. 시리얼, 햄버거, 냉동식품, 라면처럼 (　　　　　)이 길고 조리도 간편하지만, 건강에는 좋지 않아요. 하버드대 연구에 따르면, 초가공식품을 자주 먹으면 비만, 당뇨, 심혈관 질환 같은 (　　　　　)이 생기기 쉽고, (　　　　　) 사망 위험도 높아질 수 있어요.

초가공식품, 세금을 부과해야 할까?

콜롬비아는 2023년부터 '정크푸드법'을 시행했어요. 나트륨 함유량이 높고 화학 첨가물이 들어간 초가공식품에 세금을 부과했지요. 콜롬비아 대통령은 "국민이 건강한 음식을 선택할 수 있도록 하기 위한 법"이라고 취지를 밝혔어요. 여러분의 생각은 어떤가요?

A 국민 건강을 위해 꼭 필요한 법이라고 생각해요. 초가공식품은 질병을 일으킬 수 있으니, 세금을 매기면 덜 사 먹을 거예요. 담배처럼 몸에 해로운 제품에 세금을 부과하는 것처럼 초가공식품에 세금을 부과하는 건 당연하다고 봐요.

B 처음에는 소비가 줄겠지만, 시간이 지나면 다시 예전처럼 먹을 수도 있어요. 사람들은 익숙한 걸 좋아하니까요. 결국 건강은 크게 좋아지지 않고, 물가만 올라서 부담이 늘 수 있어요. 무엇을 먹을지는 개인의 자유인데, 정부가 너무 개입하는 건 아닌지 걱정돼요.

C 기업 입장도 생각해 봐야 해요. 초가공식품을 만드는 회사들이 갑자기 생산 제품을 바꾸기 어려울 수 있어요. 또 제품이 안 팔리면 일자리도 줄어들고요. 세금보다는 다른 해결책을 먼저 고민해 보면 좋겠어요.

D 세금을 매기면 사람들이 더 건강한 음식을 고를 거예요. 기업들도 건강한 제품을 만들려고 노력하겠지요. 초가공식품을 덜 먹으면 병에 걸릴 위험도 줄고, 의료비도 아낄 수 있어요. 건강한 사회를 만드는 데 도움이 될 거예요.

내 생각 정리하기

북한, 러시아에
병력 1만 4천 명 보낸 이유는?

우리나라 합동참모본부는 2025년 2월, 북한이 러시아에 3천 명 규모의 추가 **병력**과 무기를 보냈다고 밝혔어요.

이번 **파병**은 2024년 10월에 이어 두 번째예요. 당시 러시아-우크라이나 전쟁에 파병된 북한군 약 1만 1천 명 중 4천 명이 넘는 **사상자**가 발생하자, 인원을 보충한 거예요. 이로써 북한의 총 파병 규모는 2025년 3월 기준, 약 1만 4천 명에 달해요.

북한은 병력뿐 아니라 미사일, 포병 장비, 탄약도 계속 지원하고 있어요. 그 대가로 러시아는 병사 1인당 월 2천 달러(한화 약 270만 원)와 정해진 금액을 한 번에 주는 **소정**의 일시금을 주기로 했다고 해요. 합동참모본부는 "**전황**에 따라 무기 지원이 더 늘어날 수 있다"고 분석했어요.

한편, 러시아-우크라이나 전쟁이 장기화되면서 북한의 추가 파병에 대한 국제 사회의 우려도 커져 가요. 미국과 유럽 국가들은 북한의 병력과 무기 지원이 전쟁을 더 악화시킬 수 있다고 보고, 추가 제재 가능성도 언급해요. 유엔은 "북한의 군사 개입이 국제 평화와 안전을 위협한다"는 입장을 밝혔어요.

알쏭달쏭 어휘 사전

· **병력**(兵力) 군대의 인원이나 군사적인 힘.
· **파병**(派兵) 군대를 다른 나라나 지역에 보냄.
· **사상자**(死傷者) 죽거나 다친 사람.

· **소정**(所定) 정해진 정도나 분량.
· **전황**(戰況) 전쟁이 실제 벌어지고 있는 상황.

러시아-우크라이나 전쟁은 왜 일어났을까?

러시아와 우크라이나는 모두 과거에 '소련' 연방에 속해 있었는데, 1991년 소련이 무너지며 우크라이나가 독립했어요. 그 뒤 우크라이나는 러시아보다 유럽연합과 나토(북미와 유럽 나라들이 만든 군사 동맹)와 관계를 강화하려고 했고, 러시아는 이를 막기 위해 2014년 우크라이나의 크림반도에 군대를 보내 무력으로 차지했어요. 같은 해, 동부 돈바스 지역에서도 전투가 시작됐고, 이 갈등은 2022년 러시아가 우크라이나 전역을 공격하면서 전쟁으로 확대되었어요. 전쟁은 2025년에도 계속되고 있어요.

북한이 러시아를 돕는 이유

러시아-우크라이나 전쟁이 길어지자, 미국과 유럽을 비롯한 여러 나라가 러시아에 무기 판매를 중단 하고 경제 활동을 제한하는 조치를 시작했어요. 무기와 병력이 부족해진 러시아는 북한에 지원을 요청했지요. 2024년 10월, 북한은 특수 부대 약 1만 1천 명을 러시아에 보냈어요. 두 나라는 전쟁 시 서로 돕는 군사 동맹을 맺었기 때문이에요. 러시아는 북한의 지원을 받아 전쟁을 계속할 수 있었고, 북한은 무기를 팔아 큰돈을 벌었어요.

우리나라에는 어떤 영향이 있을까?

북한과 러시아가 군사 동맹을 맺으면서 앞으로 우리나라와 북한 사이에 갈등이 생기면 러시아가 개입할 가능성이 높아졌어요. 또 북한은 러시아의 도움으로 군사 기술을 더 발전시킬 수 있게 됐어요. 이에 대비해 우리나라는 유엔 안전보장이사회 비상임이사국으로 활동을 시작하고, 미국, 일본과 안보 협력도 강화했어요.

더 생각해 보기

전쟁에도 규칙이 있다고?

19세기부터 전쟁에도 규칙이 필요하다는 논의가 시작됐어요. 그 결과 '전쟁법(국제 인도법)'이 생겼어요. 전쟁법은 1899년과 1907년 헤이그협약에서 처음 정리돼 전쟁의 수단과 방법을 제한했어요. 1949년 제네바협약에는 전쟁 피해자를 보호하는 규칙이 담겼지요. 전쟁법에 따르면 민간인이나 병원, 학교 같은 시설을 공격해선 안 돼요. 포로를 해치거나 죽이는 것도 금지예요. 제네바협약에 서명한 나라는 이 규칙을 꼭 지켜야 하며, 어기면 국제형사재판소에서 전쟁 범죄로 처벌받을 수 있어요.

1 기사 내용과 같으면 ○, 다르면 × 표시를 하세요.

(1) 북한은 러시아에 추가로 병력을 파병했다. ( )

(2) 북한군은 파병 대가를 받는 것으로 알려졌다. ( )

(3) 북한은 병력뿐만 아니라 무기도 러시아에 지원하고 있다. ( )

(4) 지금까지 러시아에 파병된 북한군은 모두 1만 명이 되지 않는다. ( )

2 밑줄 친 곳에 들어갈 알맞은 어휘를 **보기** 에서 골라 적으세요.

보기 병력, 파병, 소정, 전황

(1) 군은 비상 상황에 대비해 ( )을 늘렸다.

(2) 현지 ( )을 분석한 보고서가 제출되었다.

(3) 대회 참가자들에게는 ( )의 기념품을 제공했다.

(4) 우리나라는 평화 유지 활동을 위해 해외에 부대를 ( )했다.

3 괄호 안에 알맞은 낱말을 넣어, 기사를 완성해 보세요.

내가 뽑은 제목:

2025년 초, 북한이 ( )에 병력과 무기를 추가로 지원했어요. 2024년 첫 파병 후 많은 ( )가 발생하자, 인원을 보충한 거예요. 북한은 병사 1인당 월급과 ( )의 일시금을 받기로 했어요. 러시아-( ) 전쟁이 길어지며, 국제 사회는 북한의 군사 개입이 전쟁을 악화시킬 수 있다고 우려해요.

북한군 포로, 받아들여도 될까?

우크라이나군이 북한군 포로 2명을 붙잡았어요. 그중 한 명은 난민 신청을 하며 "대한민국에 가고 싶다"고 말했어요. 우리나라는 헌법상 북한 주민도 대한민국 국민으로 보기 때문에, 귀순 의사가 있다면 받아들인다는 원칙을 갖고 있어요. 정부는 이 원칙에 따라 지원하겠다고 밝혔지만, 아직 이뤄진 건 없어요. 여러분의 생각은 어떤가요?

A 대한민국 헌법 제3조에는 '대한민국의 영토는 한반도와 그 부속도서로 한다'고 되어 있어요. 북한 국민도 헌법상 우리 국민이니, 귀화할 수 있게 도와야 해요. 국민을 보호하는 건 정부의 임무니까요.

B 하지만 군인은 일반 탈북자와 달라요. 군사 정보를 알고 있을 수 있고, 신분도 민간인과 달라 귀화 절차가 더 까다로워요. 또 우크라이나에 잡힌 포로 신분이기 때문에 우리가 원한다고 바로 데려올 수 없어요. 그러니 신중하게 접근해야 해요.

C 귀순 의사를 밝힌 북한 포로가 다시 북한으로 돌아가면 처벌받거나 생명이 위험할 수도 있어요. 유엔난민협약에는 '강제 송환 금지 원칙'이 있어요. 위험한 나라에 난민을 억지로 돌려보내면 안 된다는 뜻이에요. 포로가 귀화하겠다면, 우리가 도와야 한다고 생각해요.

D 전쟁 포로 문제는 보통 당사국끼리 해결해요. 이건 '제네바협약'에 나와 있는 국제 규칙이에요. 우리나라는 러시아-우크라이나 전쟁에 참전하지 않았기 때문에, 포로를 데려오는 건 규칙에 어긋날 수 있어요.

내 생각 정리하기

친환경 아닌데 에코 레더?
그린워싱 제재

공정거래위원회(공정위)가 인조 가죽 제품을 '에코 레더'로 광고한 패션 기업에 처음으로 그린워싱 **제재**를 내렸어요.

그린워싱(Greenwashing)은 '녹색'을 뜻하는 그린(Green)과 '세탁'을 뜻하는 워싱(Washing)을 합친 말이에요. 실제로는 친환경이 아닌데, 친환경인 척 **위장**해 광고하는 행위를 말하지요.

공정위는 화학 섬유로 만든 인조 가죽에 '에코(Eco)'라는 표현을 쓴 건 부당한 광고라고 판단해 경고 **조치**를 내렸어요. 기업은 "동물을 보호하는 제품이니 친환경적"이라고 주장했지만, 공정위는 "제품의 생산부터 유통, 폐기까지 전 과정이 친환경적인지 봐야 한다"며 받아들이지 않았어요.

해당 기업은 문제가 된 문구를 삭제하고 **자진**해서 **시정**했기 때문에, 공정위는 과징금을 부과하지 않았어요. 이후 이 기업은 패션업계 최초로 '그린워싱 방지 가이드라인'을 만들어 발표했어요. 여기에는 제품이 환경에 끼치는 영향을 나타내는 환경성 표시 원칙과 자가 점검표, 위반 사례 등을 담았지요.

한편 공정위는 앞으로 패션업계를 시작으로 여러 산업 분야에 그린워싱 제재를 확대할 계획이에요.

알쏭달쏭 어휘 사전

· **제재**(制裁) 규칙을 어겼을 때 제한하거나 금지함.
· **위장**(僞裝) 정체를 숨기려고 거짓으로 꾸밈.
· **조치**(措置) 문제를 해결하려고 필요한 일을 함.

· **자진**(自進) 남이 시키기 전에 스스로 나섬.
· **시정**(是正) 잘못된 것을 바로잡음.

기업이 '친환경'인 척하는 이유

요즘 소비자는 환경을 생각해 값이 조금 비싸도 친환경 제품을 골라요. 그래서 기업도 '친환경' 이미지를 내세워 소비자의 선택을 받으려고 해요. 하지만 진짜 친환경 제품을 만들려면 시간과 비용이 많이 들어서, 일부 기업은 '친환경'인 척만 해요. 그동안 환경 광고나 인증 기준이 명확하지 않아 그린워싱을 하기 쉬웠어요.

종이 빨대도 그린워싱일까?

한 커피 전문점은 플라스틱을 줄이겠다며 종이 빨대를 도입했어요. 하지만 종이 빨대는 생산할 때 이산화 탄소를 더 많이 배출하고, 물에 젖으면 재활용도 안 돼 결국 소각해요. 그래서 재료부터 생산, 폐기까지 전 과정을 살펴봐야 진짜 친환경 제품인지 알 수 있어요. 이를 '전과정 평가(LCA)'라고 해요. 요즘은 많은 기업이 이 평가를 제품 개발에 활용하고, 그 결과를 공개해 소비자의 신뢰를 얻어요.

진짜 친환경 제품, 이렇게 구분해요

가장 확실한 방법은 환경부 인증 마크를 확인하는 거예요. 환경 마크, 저탄소 인증, GR(Good Recycled) 마크 등이 있어요. GR 마크는 자원을 재활용했으며 품질이 우수한 재활용 제품에 붙여요. 단, 기업이 만든 자체 마크와 헷갈리지 않도록 주의해야 해요. '에코' '천연' 같은 표현을 과하게 쓰지 않는지, 생산 과정을 투명하게 공개하는지도 함께 살펴보면 좋아요.

환경 마크　　　　저탄소 인증 마크　　　　GR 마크

더 생각해 보기

그린워싱을 막기 위한 전 세계의 노력

우리나라는 '표시·광고의 공정화에 관한 법률'로 거짓 환경 광고를 단속해요. 위반하면 벌금을 내거나 징역형을 받을 수 있어요. 해외는 더 엄격해요. 네덜란드는 거짓 친환경 광고를 하면 연 매출의 최대 10퍼센트를 과징금으로 부과해요. 호주도 수억 원의 벌금을 매기지요. 미국은 '그린 가이드(Green Guides)', 영국은 '그린 클레임 코드(Green Claim Code)'를 운영해 기업의 환경 광고를 엄격하게 관리해요.

1 기사 내용과 같으면 ○, 다르면 × 표시를 하세요.

(1) '그린워싱'은 친환경이 아니면서 친환경인 척 광고하는 것을 말한다. (　　　)

(2) 공정위는 인조 가죽에 '에코'라는 표현을 쓴 패션 기업에 제재를 내렸다. (　　　)

(3) 공정위는 제품이 만들어지는 전 과정이 친환경적인지 봐야 한다고 했다. (　　　)

(4) 문제가 된 기업은 과징금을 내고 문구를 고쳤다. (　　　)

2 밑줄 친 곳에 들어갈 알맞은 어휘를 보기 에서 골라 적으세요.

> **보기**　　제재, 위장, 조치, 자진

(1) 기상청은 폭우에 대비해 안전 (　　　　　)를 취했다.

(2) 그는 신분을 (　　　　　)하고 몰래 현장에 잠입했다.

(3) 규칙을 어긴 선수의 경기 출전을 (　　　　　)했다.

(4) 회사는 잘못을 인정하고 (　　　　　)해서 사과문을 발표했다.

3 괄호 안에 알맞은 낱말을 넣어, 기사를 완성해 보세요.

내가 뽑은 제목:

공정위가 인조 가죽을 '(　　　　　)'로 광고한 기업에 처음으로 (　　　　　) 제재를 내렸어요. 실제로는 친환경이 아닌데, 친환경인 척 광고했기 때문이에요. 공정위는 "제품의 생산부터 폐기까지 전 과정이 (　　　　　)적인지 봐야 한다"며 경고 조치를 내렸고, 기업은 자진 시정했어요. 이후 '그린워싱 방지 (　　　　　)'도 발표했지요.

그린워싱 규제, 지금보다 더 강화해야 할까?

그린워싱 적발 건수는 해마다 늘고 있어요. 2019년에는 57건이었지만, 2023년에는 4,935건이나 됐어요. 하지만 대부분 별다른 처벌 없이 넘어갔지요. 그래서 이번에 공정위가 내린 제재는 의미 있는 변화예요. 앞으로 그린워싱을 막기 위해 규제를 더 강화하는 게 좋을까요?

A 소비자가 잘못된 정보에 속지 않도록 그린워싱 규제를 더 강화해야 해요. 그래야 진짜 친환경을 실천하는 기업이 제대로 평가받을 수 있어요.

B 하지만 '친환경'의 기준이 너무 모호해요. 업종마다 사정도 달라서, 모든 기업에 똑같은 기준을 적용하긴 어려워요. 비닐을 써야 하는 식품 회사나, 물을 많이 써야 하는 섬유 회사처럼 현실적으로 어려운 곳도 있으니까요.

C 지금도 석유로 만든 플라스틱으로 포장해야 하는 제품이 많아요. 규제가 약하면 많은 기업의 변화를 이끌어 내기 어려워요. 규제를 강화해야 기업이 환경을 생각하고, 그래 야 지구와 우리의 미래도 지킬 수 있어요.

D 친환경 제품을 만들려면 시간과 돈이 많이 들어요. 규제가 너무 강하면 기업들이 아예 포기할 수도 있어요. 아니면 더 교묘하게 그린워싱을 할 수 있고요. 그렇게 되면 오히려 소비자가 더 큰 피해를 입을 거예요.

내 생각 정리하기

이순신 장군의 《난중일기》, 전쟁 속의 기록

1597년(정유년) 음력 9월 16일

적군 장수의 배가 **휘하** 두 척에 명령을 내려, 안위의 배에 개미처럼 달라붙어 올라가려 하였다. 안위와 군사들은 죽을힘을 다해 몽둥이, 긴 창, 수마석으로 쉴 새 없이 막아 내다 끝내 **기진맥진**하였다. 때마침 내가 뱃머리를 돌려 쫓아가 화살과 포탄을 **난사**하여 적을 남김없이 **섬멸**하니, 이는 참으로 **천행**이었다. 적의 배 세 척이 거의 뒤집힐 무렵, 녹도 만호 송여종과 평산포 대장 정응두가 뒤따라와 적을 함께 쏘았고, 살아남은 자가 없었다.

(중략)

우리 배들은 적이 다시 덤비지 못할 것을 알고, 일제히 북을 울리며 함성을 지르고 대포를 쏘았다. 그 소리가 산천을 뒤흔들었고, 화살은 빗발처럼 날아갔다. 적의 배 서른한 척을 깨뜨리자, 적은 퇴각했고 다시는 우리 수군 가까이에 오지 못했다.

어휘

휘하(麾下) 장군의 지휘 아래에 있는 군사.
기진맥진(氣盡脈盡) 기운이 다 빠져 몸을 못 가눔.
난사(亂射) 활이나 총을 아무 데나 마구 쏨.

섬멸(殲滅) 적을 모두 없앰.
천행(天幸) 하늘이 준 큰 행운.

중심 내용 요약하기

이해력을 키우는 배경지식

이순신 장군이 일기를 썼다고?

이순신은 무신이었지만 글솜씨가 뛰어나 《난중일기》와 《이충무공전서》 같은 책을 남겼어요. 국보로 지정된 《난중일기》는 임진왜란이 시작된 1592년부터 이순신이 전사하기 이틀 전까지 7년 동안 직접 쓴 기록이에요. 전쟁을 지휘한 장군이 쓴 일기라는 점에서 유네스코 세계기록유산에도 올랐지요. 이 일기 덕분에 생생한 전투 상황은 물론, 전쟁 준비 과정과 이순신의 인간적인 고민까지 알 수 있어요.

이순신 장군의 전술이 빛난 '명량대첩'

"신에게는 아직 12척의 배가 남아 있습니다." 이순신이 명량해전을 앞두고 남긴 말이에요. 당시 이순신은 억울한 모함으로 한양에 끌려갔어요. 그 사이 왜군이 공격했고, 이순신이 다시 삼도수군통제사로 돌아왔을 때는 남은 배가 12척뿐이었어요. 하지만 이순신은 포기하지 않고 기발한 전략을 세웠어요. 부녀자들에게 강강술래를 시켜 병력이 많은 것처럼 보이게 하고, 물살이 센 울돌목으로 적을 유인했어요. 결국 12척으로 133척의 왜군을 무찔렀어요.

글의 형식 알아보기

일기의 특징

일기는 하루 동안의 일이나 느낀 점을 자유롭게 쓰는 글이에요. 날짜와 날씨를 먼저 쓰고, 겪은 일을 적지요. 일기는 개인의 기록이지만, 당시 시대상이 담긴 역사적인 기록으로 인정받기도 해요. 대표적인 예로, 이순신이 쓴 《난중일기》, 박지원이 청나라에 다녀온 기록인 《열하일기》, 안네 프랑크가 제2차 세계 대전을 겪으며 남긴 《안네의 일기》가 있어요.

인물 상식

나라를 지킨 바다의 영웅, 이순신(1545년~1598년)

이순신은 조선 중기의 장군으로, 임진왜란 때 수군을 이끌어 나라를 지켰어요. 왜적의 침입에 대비해 거북선을 만들고, 군량미를 마련하려고 직접 농사도 지었어요. 전쟁이 일어나자 옥포, 사천, 당포, 한산도, 노량 등 여러 해전에서 연달아 승리했어요. 한때 모함을 받아 옥에 갇히기도 했지만, 다시 수군의 지휘를 맡아 명량해전에서 큰 승리를 이끌었지요. 이후 1598년 마지막 전투인 노량해전에서 적의 화살에 맞아 전사했어요.

1 일기 내용과 같으면 ○, 다르면 × 표시를 하세요.

(1) 안위와 군사들은 몽둥이와 수미석으로 적을 막다 기진맥진했다. ( )

(2) 이순신 장군은 안위의 배를 구하려고 뱃머리를 돌려 공격했다. ( )

(3) 적군이 배 31척으로 우리 수군을 물리쳤다. ( )

2 밑줄 친 곳에 들어갈 알맞은 어휘를 **보기** 에서 골라 적으세요.

보기 기진맥진, 난사, 섬멸, 천행

(1) 그는 산을 하루 종일 올라 ( )한 상태였다.

(2) 큰 사고에서 다친 사람 없이 빠져나온 것은 정말 ( )이었다.

(3) 우리 군은 적을 완전히 ( )하고 승리를 거두었다.

(4) 적군은 도망치는 병사들을 향해 총을 ( )했다.

생각을 확장하는 글쓰기

내가 이순신 장군의 군사였다고 상상하며 전투 날의 일기를 써 보세요.

_____

_____

_____

_____

6주 차

#월세
#딥페이크
#유기분자
#미국대통령선거
#쓰레기종량제
#연설문

전세는 옛말,
월세 비중 60퍼센트 돌파

우리나라 부동산 거래에서 월세 비중이 처음으로 60퍼센트를 넘었어요.

국토교통부는 '2025년 2월 주택 통계'에서 월세 비중이 61.4퍼센트라고 발표했어요. 아파트, 빌라, 단독 주택 등에서 **임대차** 계약을 한 **세입자** 중 절반 이상이 월세를 선택한 거예요. 특히 수도권보다 지방, 아파트보다 빌라나 단독 주택에서 월세 거래가 많았어요.

임대차 계약에서 전세는 집주인에게 **보증금**을 맡기고 일정 기간 집을 빌려 쓰는 방식이에요. 계약이 끝나면 보증금을 돌려받지요. 반면 월세는 매달 임대료를 내고, 낸 돈은 돌려받지 않아요.

전문가들은 월세가 늘어난 이유 중 하나로 **금리** 상승과 임대차 보호법 등을 꼽아요. 금리가 오르면서 **매매가**를 주고 집을 사기가 부담스러워졌고, 임대차 보호법 시행 이후 전세 매물이 줄자 세입자들은 월세를 선택했어요. 여기에 '역전세'나 '깡통 전세' 같은 전세 사기 위험까지 커지면서 월세 수요가 더 늘었지요.

집주인들도 금리가 올라 대출 이자 부담이 더 커지자, 한 번에 큰돈을 받는 전세보다 월세를 선호했어요. 이런 흐름 속에 월세 가격도 함께 오르고 있어요.

알쏭달쏭 어휘 사전

· **임대차**(賃貸借) 집이나 물건을 빌려 쓰고, 그 대가로 돈을 내는 계약.
· **세입자**(貰入者) 집세를 내고 남의 집이나 방을 빌려 쓰는 사람.
· **보증금**(保證金) 계약할 때 담보로 맡기는 돈.
· **금리**(金利) 은행에서 돈을 빌리거나 맡길 때 원래 금액에 더해 주고받는 이자의 비율.
· **매매가**(賣買價) 집이나 물건을 실제로 사고파는 가격.

부동산과 동산이란?

재산은 크게 '부동산'과 '동산'으로 나뉘어요. 부동산은 땅이나 건물처럼 움직이지 않는 재산이에요. 아파트, 집터, 논밭, 산, 도로 등도 부동산에 해당해요. 동산은 움직이는 재산이에요. 현금, 주식, 보석, 자동차, 배, 비행기 등이 있지요. 이 중 자동차나 항공기처럼 값이 비싸고 법적으로 부동산처럼 다뤄지는 재산은 '유사 부동산'이라고 불러요.

집값은 어떻게 정해질까?

집값은 수요와 공급에 따라 달라져요. 집을 사려는 사람이 많으면 가격이 오르고, 팔려는 사람이 많으면 가격이 내려가요. 학교, 지하철, 공원 근처처럼 살기 좋은 곳은 인기가 많아 집값이 비싸요. 은행 이자율이나 정부의 부동산 정책에 따라서도 집값이 움직여요. 이자가 오르면 대출이 줄고, 집을 사려는 사람이 적어져 집값이 내려가거든요. 이렇게 여러 요인이 함께 작용해 집값이 정해져요.

우리나라에만 전세 제도가 있다고?

전세는 우리나라에만 있는 독특한 주택 제도예요. 예전에는 금융 기관이 덜 발달해 은행 대출을 받기 어려웠어요. 그래서 집을 빌릴 때 큰돈을 맡기고 사는 전세가 자연스럽게 생겼지요. 집주인은 보증금을 쓸 수 있고, 세입자는 집을 사는 것보다 적은 돈으로 집을 빌릴 수 있어 서로에게 이득이었어요. 집이 부족해지고 집값이 오르면서 전세는 더 널리 퍼졌어요. 하지만 요즘은 주택이 많아지고 예전보다 대출받기가 쉬워졌어요. 또, 보증금을 돌려받지 못하는 사례가 늘면서 전세가 줄고 있어요.

더 생각해 보기

정부는 왜 부동산 시장에 개입할까?

정부가 부동산에 개입하는 이유는 시장을 안정시키고 국민의 삶을 지키기 위해서예요. 집은 단순한 주거 공간이 아니라 경제와 연결돼 있어요. 집을 지으면 일자리가 생기고, 지역 상권도 발달하거든요. 그래서 정부는 인구가 늘면 집을 짓고, 개발을 허가해요. 또 집값이 오르면 국민들의 주거 안정에 영향을 미치기 때문에, 집을 여러 채 가진 사람에게 세금을 더 걷거나 대출을 제한하는 등 부동산 시장을 안정시키려는 정책을 펴요. 공공 임대 주택을 제공하거나 낮은 이자로 돈을 빌려주기도 하지요.

1 기사 내용과 같으면 ○, 다르면 × 표시를 하세요.

(1) 우리나라 전세 거래 비중이 60퍼센트를 넘었다. ( )

(2) 수도권보다 지방에서 월세 거래 비율이 높다. ( )

(3) 월세는 보증금을 맡기고 집을 빌려 쓰는 방식이다. ( )

(4) 월세 비중이 높아진 이유 중 하나는 전세 사기 걱정 때문이다. ( )

2 밑줄 친 곳에 들어갈 알맞은 어휘를 보기 에서 골라 적으세요.

> **보기** 임대차, 세입자, 금리, 보증금

(1) 전세나 월세 계약을 맺을 때는 ( ) 계약서를 작성해야 한다.

(2) 전세로 집을 빌릴 땐 ( )을 내야 한다.

(3) 은행 ( )가 오르면 돈을 빌릴 때 이자를 더 많이 갚아야 한다.

(4) ( )는 이사를 가기 전 집주인에게 미리 알려 줘야 한다.

3 괄호 안에 알맞은 낱말을 넣어, 기사를 완성해 보세요.

내가 뽑은 제목:

_____

> 부동산 거래에서 월세 비중이 처음으로 60퍼센트를 넘었어요. ( )는 보증금을 맡기고 일정 기간 집을 빌려 쓰는 방식이고, ( )는 매달 임대료를 내는 방식이에요. ( ) 상승과 전세 사기 걱정 등의 이유로 ( )들은 월세를 선택했고, 집주인들도 큰돈을 받는 전세보다 월세를 선호했지요.

전세 제도, 유지해야 할까 폐지해야 할까?

요즘 전세보다 월세가 많아지면서, 전세 제도가 사라질지도 모른다는 우려가 나와요. 하지만 많은 부동산 전문가는 "전세는 우리나라만의 독특한 문화로 깊이 뿌리내렸기 때문에 쉽게 사라지지 않을 것"이라고 말해요. 여러분은 전세 제도에 대해 어떻게 생각하나요?

A 전세는 집을 살 돈은 없지만, 매달 월세를 내긴 부담스러운 사람들에게 꼭 필요한 제도예요. 전세 기간 동안 돈을 모으면 나중에 집을 살 수도 있고, 자주 이사하지 않아도 돼서 편리해요. 그래서 전세가 꼭 유지되었으면 좋겠어요.

B 예전엔 전세가 편리했지만, 요즘은 전세 사기로 피해를 입는 사람이 많아요. 특히 전셋값이 집값보다 비싸면, 집을 팔아도 세입자가 보증금을 다 돌려받지 못할 수 있어요. 이런 위험을 안고 전세 제도를 계속 유지하는 건 어렵다고 생각해요.

C 월세가 늘어나는 것은 전세 사기 때문이에요. 게다가 요즘 집주인도 전세 보증금보다 매달 월세를 받는 걸 더 선호해요. 사라져 가는 제도를 억지로 붙잡기보다, 새로운 방식으로 바꾸는 게 더 현실적이에요.

D 전세보증보험에 가입하면, 전세금을 돌려받지 못할 상황에 대비할 수 있어요. 문제가 생기면 보험사가 대신 보증금을 돌려주고, 나중에 집주인에게 청구하죠. 전세의 좋은 점은 살리고, 위험은 줄일 수 있도록 제도를 개선해 가야 해요.

내 생각 정리하기

딥페이크 불법 영상, 청소년 일상을 삼키다

2024년 교육부는 중·고등학생 2,145명을 대상으로 딥페이크 불법 영상물에 대한 **인식**을 조사했어요. 여학생의 85.9퍼센트, 남학생의 63.1퍼센트가 영상물이 **유포**되거나 **확산**될까 봐 불안하다고 답했지요.

불안감을 갖게 된 가장 큰 이유는 '나도 모르게 피해자가 될 수 있어서'였고, 이어 '주변 사람이 가해자일 수 있어서' '대처 방법을 몰라서' '학교도 안전하지 않아서' 등의 응답이 있었어요. 딥페이크 범죄의 원인으로는 '장난'이 가장 많았고, 그다음은 '성적 호기심' '들키지 않을 것이란 생각' '약한 처벌' 순이었어요.

청소년이 생각한 딥페이크 범죄 원인	
장난으로	54.8%
성적 호기심	49.3%
들키지 않을 것 같아서	44.1%
처벌이 약해서	38.2%
심각한 잘못이 아니라고 생각해서	31.4%
상대를 괴롭히려고	23.7%
돈벌이 수단으로	20.4%
친구들 사이에서 인정받으려고	12.9%

출처: 교육부, 2024년

청소년이 생각한 딥페이크 범죄 원인

딥페이크 불법 영상물을 본 적이 있다고 답한 청소년은 4.7퍼센트였어요. 온라인 커뮤니티, 동영상 플랫폼, 친구 스마트폰, 단체 채팅방 등에서 영상을 접했다고 응답했어요. 실제 피해를 본 청소년은 2.8퍼센트, 61명이었고, 이 가운데 여학생이 37명, 남학생이 24명이었어요.

교육부는 "이번 **표본 조사**에서는 피해자가 2.8퍼센트지만, 전체 청소년 180만 명으로 조사 대상자를 확대하면 피해자는 더 많을 수 있다"고 밝혔어요. 이번 조사로 딥페이크 불법 영상물에 대한 청소년의 인식 개선이 필요하다는 점이 **여실히** 드러났어요. 교육부는 예방 교육을 강화하겠다고 발표했어요.

알쏭달쏭 어휘 사전

· **인식**(認識) 사물을 알아보고 판단함.
· **유포**(流布) 세상에 널리 퍼지거나 퍼뜨림.
· **확산**(擴散) 점점 퍼져 나감.

· **표본 조사**(標本調査) 전체 중 일부만 조사해서 전체의 특성을 짐작하는 방법.
· **여실히**(如實-) 사실과 똑같이.

딥페이크, 위험하기만 할까?

'딥페이크(Deepfake)'는 AI 기술로 사람의 얼굴이나 목소리를 실제처럼 합성하는 기술이에요. 처음에는 영화나 게임에서 주로 쓰였어요. 세상을 떠난 배우를 영화에 등장시키거나, 가수의 얼굴과 목소리를 합성해 뮤직비디오를 만들기도 했지요. 딥페이크는 적은 제작 비용으로 다양한 시도를 할 수 있어 문화 산업 발전에 도움이 돼요. 하지만 사기나 사생활 침해 같은 범죄에 악용될 수 있어 주의가 필요해요.

딥페이크 영상물, 무엇이 문제일까?

예전에도 인물 사진을 합성한 사례가 있었지만, 딥페이크는 훨씬 더 정교해요. AI 기술을 활용해 사진은 물론 영상까지 만들 수 있고, 얼굴뿐 아니라 목소리도 편집할 수 있지요. 문제는 이런 영상이 인터넷에서 빠르게 퍼진다는 점이에요. 실제로 유명인의 얼굴을 합성한 가짜 뉴스나 성 착취 영상이 유포되는 일이 늘고 있어요. 2024년에는 디지털 성범죄 피해자가 1만 명을 넘었고, 그중 딥페이크 불법 영상물 피해는 1년 새 3배나 증가했어요.

딥페이크 기술, 어떻게 발전했을까?

합성 기술은 영화의 특수 촬영에서 시작됐어요. 1990년부터는 포토샵이 대중화됐고, CG 기술도 영화에 본격적으로 쓰였지요. 2014년에는 스스로 이미지를 만드는 AI 기술인 'GAN'이 등장하면서, AI가 스스로 그림이나 사진을 만들기 시작했어요. 2017년에는 한 이용자가 얼굴 바꾸기 코드를 공개하면서 '딥페이크'라는 이름이 널리 퍼졌어요. 지금은 얼굴과 목소리를 실시간으로 바꾸는 수준까지 발전했어요. 기술이 정교해질수록, 확인과 규제가 더 중요해졌지요.

더 생각해 보기

딥페이크 범죄를 막을 방법은 없을까?

딥페이크 기술의 악용을 막기 위해 여러 나라와 기업이 대책을 세우고 있어요. AI로 만든 영상임을 표시해야 하는 제도가 생겼고, 제작 정보나 사용 프로그램을 기록하는 기술도 개발 중이에요. 가짜 영상을 찾아내는 AI 기술도 점점 정교해지고 있지요. 우리나라는 2024년부터 선거법이 바뀌었어요. 선거일 90일 전에는 딥페이크 선거 영상을 아예 금지하고, 그 외 기간에도 'AI가 만든 영상'이라는 표시를 꼭 해야 해요. AI 기술이 발전할수록, 안전을 위한 규칙도 함께 논의되고 있어요.

1 기사 내용과 같으면 ○, 다르면 × 표시를 하세요.

(1) 딥페이크 불법 영상물을 만들고 유포하는 것은 범죄다. ( )

(2) 청소년들은 '장난'을 딥페이크 범죄의 주요 원인으로 보았다. ( )

(3) 딥페이크 영상물을 본 청소년은 아무도 없었다. ( )

(4) 딥페이크가 불안한 이유로 '대처 방법을 몰라서'가 가장 많았다. ( )

2 밑줄 친 곳에 들어갈 알맞은 어휘를 보기 에서 골라 적으세요.

> **보기**   인식, 유포, 확산, 여실히

(1) 거짓 정보가 온라인에 ( )되어 혼란이 커졌다.

(2) 나는 그것이 잘못된 행동이라는 걸 ( )했다.

(3) 이번 실험 결과는 이론의 문제점을 ( ) 보여 준다.

(4) 감염병의 빠른 ( )을 막기 위한 조치가 필요하다.

3 괄호 안에 알맞은 낱말을 넣어, 기사를 완성해 보세요.

내가 뽑은 제목:

_____

교육부는 중·고등학생을 대상으로 ( ) 불법 영상물에 대한 인식을 조사
했어요. 많은 청소년이 유포와 확산에 ( )을 느꼈고, 범죄 원인으로는 '장
난'과 '성적 호기심' 등을 꼽았어요. 실제 피해도 확인됐어요. 이번 조사로 딥페이
크 불법 영상물에 대한 청소년 ( ) 개선의 필요성이 드러나자, 교육부는
( )을 강화하겠다고 밝혔어요.

딥페이크 기술, 규제해야 할까 발전시켜야 할까?

2024년 9월, 우리나라에서는 몇몇 대학교에 딥페이크로 만든 불법 성 착취 영상이 퍼진 사건을 계기로 처벌법이 만들어졌어요. 하지만 요즘에는 가짜 뉴스, 금융 사기, 지인 사칭 등 딥페이크 관련 범죄가 다양해지고 있어요. 그래서 처벌뿐 아니라 기술 자체를 규제해야 한다는 목소리도 커지고 있지요. 여러분은 어떻게 생각하나요?

A 딥페이크 기술이 점점 정교해지면서 진짜와 가짜를 구별하기 어려워졌어요. 그래서 범죄에 쓰이기도 쉽지요. 아무리 처벌법이 있어도, 기술을 규제하지 않으면 새로운 범죄가 생길 수 있어요.

B 법적인 규제는 필요하지만, 기술 발전까지 막는 건 옳지 않다고 생각해요. 딥페이크 기술은 교육, 의료, 예술 등 여러 분야에 긍정적으로 쓰일 수 있어요. 예전에 독립운동가의 흑백 사진을 한복을 입은 모습으로 복원한 걸 보고 감동받았어요.

C 요즘 딥페이크로 만든 가짜 뉴스나 유명인의 거짓 발언 영상이 많아졌어요. 사람들은 그걸 진짜라고 믿고 혼란스러워하지요. 잘못된 정보가 많아지면 사회 전체가 위험해져요. 사람을 속이는 데 쓰인다면, 아무리 좋은 기술이라도 규제해야 해요.

D 규제보다 사용 기준을 정하는 게 더 중요하다고 생각해요. 칼도 요리할 땐 유용하지만, 나쁘게 쓰면 위험하잖아요. 딥페이크 기술도 마찬가지예요. 무조건 막기보다 제대로 쓰는 방법을 마련하는 게 더 좋다고 봐요.

내 생각 정리하기

화성에서 유기 분자 발견, 생명체의 흔적일까?

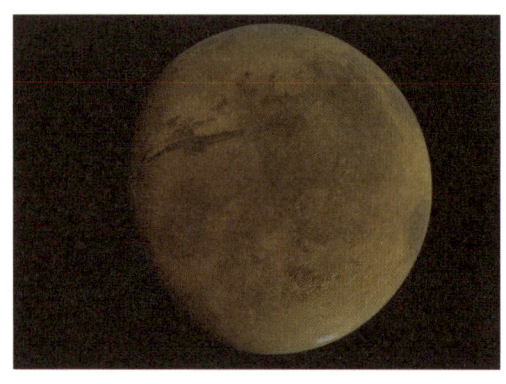

수십억 년 전 화성에 생명체가 존재했을 가능성이 더 커졌어요. 미국 나사(NASA)의 화성 탐사 로봇 '큐리오시티'가 암석 샘플을 조사하다, 지금까지 찾아낸 것 중 가장 큰 유기 분자를 발견했거든요. 그동안 화성에서는 유기 분자를 보존하는 데 도움이 되는 유황, 식물 성장에 필요한 질산염, 유기물이 분해될 때 생기는 메탄 같은 물질이 발견됐어요.

유기 분자는 생명체를 이루는 기본 물질이에요. 탄소를 중심으로 수소, 산소, 질소 등이 결합해 만들어져요. 연구진은 이번 유기 분자가 '지방산'에서 생긴 것으로 보았어요. 지방산은 생물의 세포막을 만들고, 몸에 에너지를 공급하는 데 쓰이기 때문에 생명체의 흔적일 수 있지요.

하지만 지방산은 꼭 생명체가 없어도 생길 수 있어요. 물과 암석의 상호 작용 같은 자연 현상으로도 만들어지기 때문이에요.

연구를 이끈 프랑스 과학자 캐롤라인 프레시네 박사는 "이렇게 크고 복잡한 유기 분자가 발견된 것 자체가 화성에 생명체가 생겼을 가능성을 보여 주는 단서"라고 말했어요.

사실 이번 연구의 본래 목적은 '아미노산'을 찾는 것이었어요. 아미노산은 단백질을 만드는 아주 작은 유기 화합물로, 모든 생명체에 꼭 필요한 물질이에요. 이처럼 나사가 화성에서 생명체의 흔적을 찾는 이유는 미래에 사람이 화성에서 살 수 있을지 확인하기 위해서예요.

알쏭달쏭 어휘 사전

· 보존(保存) 잘 보호해서 그대로 남겨 둠.
· 분해(分解) 하나가 둘 이상으로 나뉨.
· 세포막(細胞膜) 세포를 감싸 보호하는 막.

· 상호 작용(相互作用) 서로 영향을 주고받음.
· 본래(本來) 처음부터, 원래.

원자와 분자, 화합물은 무엇일까?

원자는 물질을 이루는 기본 단위예요. 수소(H), 산소(O)처럼 더는 쪼갤 수 없어요. 분자는 두 개 이상의 원자가 모여 만들어진, 물질의 성질을 가진 최소 단위예요. 예를 들어, 물(H_2O)은 수소와 산소가 결합해 생긴 분자예요. 화합물은 서로 다른 원소들이 화학적으로 결합해 만들어진 순수한 물질이에요. 물(H_2O), 소금($NaCl$), 이산화 탄소(CO_2), 암모니아(NH_3) 등이 여기에 속하지요. 화합물은 탄소(C)가 포함된 유기 화합물과 탄소가 없거나 생명체와 관련 없는 무기 화합물로 나뉘어요.

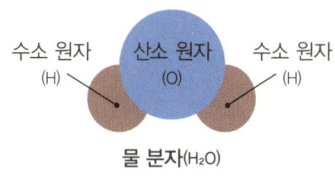

수소 원자 (H) 산소 원자 (O) 수소 원자 (H)

물 분자(H_2O)

아미노산으로 찾는 생명의 흔적

사람, 동물, 식물, 미생물의 몸속에는 모두 단백질이 있어요. 이 단백질은 아미노산이라는 작은 물질로 이루어져 있어요. 우리 몸의 근육, 피부, 머리카락도 아미노산이 모여 만들어져요. 그래서 과학자들은 외계 생명체를 찾을 때 가장 먼저 아미노산부터 찾아요. 아미노산은 생명체의 흔적일 수 있기 때문이에요. 만약 화성에서 아미노산이 발견된다면, 한때 생명체가 존재했을 가능성이 커요.

화성이 붉은 이유는?

화성 표면은 대부분 먼지로 덮여 있어요. 이 먼지는 산화 철(Fe_2O_3)이라는 물질로, 녹슨 철처럼 붉은색이에요. 화성의 흙과 돌에는 철(Fe)이 많은데, 오랜 시간 동안 산소(O)와 결합하면서 붉게 변했어요. 이처럼 어떤 물질이 산소와 결합하는 것을 '산화'라고 해요. 일부 과학자들은 화성에 산소뿐 아니라 물도 있었기 때문에 산화 철이 생겼을 거라고 말해요.

더 생각해 보기

화성까지 가는 데 얼마나 걸릴까?

우주선마다 다르지만, 평균적으로 약 6개월이 걸려요. 나사의 우주선 퍼서비어런스는 6개월 반, 큐리오시티는 8개월 만에 화성에 도착했어요. 지구는 태양의 둘레를 도는 데 약 365일, 화성은 약 687일이 걸려요. 공전 주기와 궤도가 달라서 두 행성 사이의 거리는 계속 바뀌어요. 가장 가까울 땐 약 5천 6백만 킬로미터, 가장 멀 땐 4억 킬로미터까지 벌어지지요. 그래서 화성까지 가는 시간도 그때그때 달라요.

1 기사 내용과 같으면 ○, 다르면 × 표시를 하세요.

(1) 화성 탐사 로봇 '큐리오시티'는 화성에서 큰 유기 분자를 발견했다. ( )

(2) 유기 분자는 생명체를 이루는 기본 물질이다. ( )

(3) 지방산은 꼭 생명체가 있어야만 만들어진다. ( )

(4) 아미노산은 단백질을 만드는 아주 작은 유기 화합물이다. ( )

2 밑줄 친 곳에 들어갈 알맞은 어휘를 **보기** 에서 골라 적으세요.

보기 보존, 분해, 상호 작용, 본래

(1) ( )의 계획과 달리 여행 일정이 하루 앞당겨졌다.

(2) 박물관은 유물을 ( )하기 위해 일정한 온도와 습도를 유지한다.

(3) 생태계에서는 모든 생물이 ( ) 하며 균형을 유지한다.

(4) 이번 과학 수업에서는 물을 수소와 산소로 ( )하는 실험을 했다.

3 괄호 안에 알맞은 낱말을 넣어, 기사를 완성해 보세요.

내가 뽑은 제목:

_____

탐사 로봇 큐리오시티가 화성에서 큰 ( )를 발견했어요. 유기 분자는 ( )를 이루는 기본 물질이에요. 이번에 발견된 분자는 세포막을 만들고 에너지를 공급하는 데 쓰이는 ( )에서 생긴 것으로 보였어요. 하지만 지방산은 물과 ( )의 상호 작용으로도 만들어질 수 있어, 꼭 생명체 때문이라고 말하긴 어려워요.

화성, 인류의 두 번째 지구가 될 수 있을까?

우주 기업 스페이스엑스를 운영하는 일론 머스크는 "2029년까지 사람을 화성에 보내겠다"고 발표했어요. 나아가 "2050년까지 100만 명을 이주시키겠다"는 목표도 세웠지요. 나사도 2030년대에 우주 비행사를 화성에 보낼 계획이에요. 과연 화성이 지구를 대신할 수 있을까요?

A 화성은 태양계 행성 중에서 지구와 가장 닮았어요. 크기나 토양도 비슷하고, 물이 있었던 흔적도 보이죠. 화성 이주가 계속 논의된다는 건 그만큼 연구가 활발하다는 뜻이에요. 아주 먼 미래에는 정말 가능할지도 몰라요.

B 화성은 사람이 살기에는 너무 척박해요. 기온이 영하 140도까지 내려가고, 공기에는 거의 이산화 탄소뿐이에요. 60년 넘게 탐사했지만 생명체를 한 번도 발견하지 못했어요. 그만큼 살기 힘든 환경이라는 뜻이에요.

C 미래에 기술이 더 발전하면, 화성을 지구처럼 바꿀 수도 있어요. 일론 머스크는 '테라포밍' 기술로 화성을 사람이 살 수 있는 환경으로 만들겠다고 했어요. 이미 우주에서 식물을 기르고, 장기 거주 실험도 성공했으니 완전히 불가능하진 않아요.

D 설사 화성이 사람이 살 수 있는 곳이 된다 해도, 많은 사람을 이주시키는 건 현실적으로 쉽지 않아요. 막대한 비용이 들기 때문에 일부만 갈 수 있고, 가난한 사람은 남겨질 수도 있어요. 모두가 함께 살 수 있는 두 번째 지구가 되긴 어려워요.

내 생각 정리하기

트럼프 재선 성공, 미국은 지금 트럼프 시대

도널드 트럼프가 2024년 11월 5일에 열린 제 47대 미국 대통령 선거에서 민주당 후보 카멀라 해리스에게 승리를 거두며 다시 백악관에 입성했어요. 그는 선거 **승패**를 **좌우**할 핵심 **경합** 지역에서 연이어 **승전고**를 울렸지요.

미국은 간접 선거로 대통령을 뽑아요. 이번 선거는 미국 50개 주에 배정된 538명의 선거인단 중 과반수인 270명을 먼저 확보한 후보가 이기는 선거였어요. 트럼프 후보는 노스캐롤라이나와 조지아에서 각각 선거인단 16명을 확보했어요. 이어 펜실베이니아, 미시간, 위스콘신 같은 주요 경합 주에서도 **우위**를 보였지요. 결국 총 277명의 선거인단을 확보해 재선에 성공했어요.

선거 다음 날, 트럼프 대통령은 플로리다 팜비치에서 "미국의 황금시대를 다시 열겠다"며 포부를 밝혔어요. 현재 그는 강경한 무역 정책과 '미국 우선' 외교 전략을 내세우며 국제 질서에 영향을 미치고 있어요. 주요 나라들은 자국의 이익을 지키기 위해 외교 방향을 조정하기 시작했어요. 우리나라도 안보와 무역, 기술 협력에 어떤 변화가 생길지 주의 깊게 지켜보고 있어요.

알쏭달쏭 어휘 사전

· **승패**(勝敗) 승리와 패배를 함께 이르는 말.
· **좌우**(左右) 어떤 일에 영향을 줌.
· **경합**(競合) 서로 이기려고 겨룸.
· **승전고**(勝戰鼓) 싸움에 이겼을 때 울리는 북.
· **우위**(優位) 남보다 나은 위치나 수준.

미국 대통령 선거는 선거인단이 중요하다고?

미국 대통령 선거는 4년마다 간접 선거로 치러져요. 유권자가 먼저 선거인단을 뽑고, 선거인단이 대통령 후보에게 투표해요. 각 주에서 더 많은 표를 얻은 후보가 그 주의 모든 선거인단을 가져가, 전체 득표 수보다 선거인단 수가 더 중요해요. 2016년에는 힐러리 클린턴이 표는 더 많이 얻었지만, 선거인단 수가 적어 트럼프가 당선됐어요. 선거인단 제도는 1787년 미국의 헌법을 만들 때 생겼어요. 당시에는 나라가 넓어 모든 국민이 투표하기 어려웠기 때문이에요. 미국에서는 18세 이상이더라도 유권자 등록을 해야 투표를 할 수 있어요. 그런데 등록 방식이 주마다 다르고 복잡해, 투표율이 낮은 편이에요.

우리나라 대통령 선거제는 5년 단임제

우리나라는 대통령 선거가 5년마다 열리고, 만 18세 이상 국민이 직접 투표해요. 대통령 임기는 5년이며 한 번만 할 수 있어요. 이를 '5년 단임제'라고 해요. 이 제도는 1987년 6월 민주 항쟁을 계기로 만들어졌어요. 당시 군사 정권의 독재를 막기 위해 직접 선거와 단임제를 도입한 거예요. 대통령의 정책은 국민 생활에 큰 영향을 주기 때문에 선거는 매우 중요해요.

나라를 이끄는 방식, 대통령제와 의원 내각제

나라를 운영하는 방식에는 보통 '대통령제'와 '의원 내각제'가 있어요. 우리나라와 미국은 대통령제를 채택한 나라예요. 대통령제는 법을 만드는 입법 기관(국회), 법률을 적용하는 사법 기관(법원), 법을 집행하는 행정 기관(정부)이 서로 견제하며 나라를 이끌지요. 의원 내각제는 국민이 국회 의원을 뽑고, 국회가 총리를 뽑아 나라를 운영해요. 정부와 국회가 한 팀이지요. 영국, 일본, 독일 등이 의원 내각제를 채택하고 있어요. 대통령제는 안정적이지만, 대통령과 국회가 갈등하면 정책 실행이 늦어져요. 의원 내각제는 빠르게 정책을 추진할 수 있지만, 총리가 자주 바뀌거나 다수당이 권력을 독점할 위험도 있어요.

더 생각해 보기

여러 나라의 독특한 선거 제도

호주는 '의무 투표제'를 시행해요. 만 18세 이상 시민이 투표하지 않으면 벌금을 내야 해서, 투표율이 90퍼센트가 넘어요. 이집트, 아르헨티나도 같은 제도를 도입했어요. 네덜란드에는 '위임 투표제'가 있어요. 유권자가 서명하면 가족이나 친구에게 투표를 맡길 수 있어요. 한 사람이 최대 세 표까지 행사할 수 있지요. 프랑스는 '결선 투표제'를 운영해요. 1차 투표에서 유권자의 지지를 50퍼센트 이상 얻은 후보가 없으면, 1·2위 후보를 놓고 다시 한 번 투표해 최종 당선자를 정해요.

1 기사 내용과 같으면 ○, 다르면 × 표시를 하세요.

(1) 트럼프는 2024년 미국 대선에서 다시 당선됐다. ( )

(2) 미국 대선은 국민이 직접 대통령을 뽑는 직접 선거 방식이다. ( )

(3) 미국 대선은 선거인단 270명을 먼저 확보한 후보가 대통령에 당선된다. ( )

(4) 미국 대통령의 정책은 우리나라에 거의 영향을 주지 않는다. ( )

2 밑줄 친 곳에 들어갈 알맞은 어휘를 보기 에서 골라 적으세요.

보기 　좌우, 경합, 승전고, 우위

(1) 우리나라 제품은 다른 나라 제품에 비해 ( )에 있다.

(2) 우리나라 선수단이 국제 대회에서 ( )를 울렸다.

(3) 그 사람의 이야기는 재판의 판결을 ( )할 정도로 중요했다.

(4) 회장 선거에 다섯 명의 후보가 ( )을 벌였다.

3 괄호 안에 알맞은 낱말을 넣어, 기사를 완성해 보세요.

내가 뽑은 제목:

　　2024년 미국 대선에서 트럼프 전 대통령이 극적인 승리를 거두며 다시 ( )에 입성했어요. 경합 주에서 ( )를 울리며 총 277명의 선거인단을 확보해 재선에 성공했지요. 현재 그는 강경한 ( ) 정책과 '미국 우선' 외교 전략으로 국제 ( )에 영향을 미치고 있어요. 우리나라도 안보와 경제에 어떤 변화가 생길지 지켜보는 중이에요.

선거 연령, 지금보다 낮춰야 할까?

2020년 국회 의원 선거에는 교복을 입은 고등학생도 투표했어요. 2019년에 선거법이 바뀌어, 투표 연령이 만 19세에서 만 18세로 낮아졌기 때문이에요. 오스트리아, 스코틀랜드 등 일부 나라에서는 만 16세부터 투표할 수 있어요. 이런 흐름에 따라 우리나라도 선거 연령을 더 낮추자는 의견이 나오고 있어요. 여러분의 생각은 어떤가요?

A 청소년도 사회의 일원으로서 나라를 이끌 사람을 뽑을 권리가 있다고 생각해요. 결국 미래를 살아갈 사람은 청소년이잖아요. 청소년의 목소리에 귀 기울이고, 그들을 위한 정책을 펼칠 사람을 직접 뽑을 수 있어야 해요.

B 청소년은 아직 성장하는 단계라 정치적인 판단력이 부족할 수 있어요. 가짜 뉴스에 휩쓸리거나 주변 영향을 많이 받을 수도 있지요. 이런 상황에서 선거권을 주면 혼란이 생길 수 있어요.

C 선거에 대한 교육과 정확한 정보를 먼저 제공해야 해요. 적절한 정치 교육이 이뤄진다면 투표권이 없어도 정치와 사회에 관심을 갖는 계기가 될 거예요.

D 청소년기는 부모나 윗사람의 의견을 그대로 받아들이는 경우가 많아요. 학업 부담 때문에 공약을 꼼꼼히 살펴볼 시간도 부족하고요. 스스로 정책을 판단할 수 있을 때 선거권을 주어야 해요.

내 생각 정리하기

_____

_____

_____

쓰레기 종량제 30년, 쓰레기는 줄었을까?

2025년은 우리나라가 쓰레기 종량제를 **시행**한 지 30년이 되는 해예요. 1995년 1월 1일, 우리나라는 세계 최초로 전국에 쓰레기양에 따라 수수료를 내는 종량제를 **도입**했어요.

지금은 **규격** 봉투에 쓰레기를 버리는 게 익숙하지만, 처음에는 **반발**이 많았어요. 그전에는 집 앞 공동 쓰레기통에 아무렇게나 버리는 일이 흔했거든요. 하지만 쓰레기가 늘고, 매립지와 소각장이 **턱없이** 부족해지자 정부는 종량제와 분리수거 제도를 전국으로 확대했어요. 2013년부터는 음식물 쓰레기를 따로 버리는 종량제가 시행됐지요.

초기에는 무단 투기나 가짜 봉투 판매 같은 혼란도 있었어요. 하지만 열흘 만에 규격 봉투 사용률이 90퍼센트를 넘었고, 생활 쓰레기도 1년 만에 27퍼센트나 줄었어요. 덕분에 수거와 처리 비용도 크게 절약됐지요.

2025년 한국폐기물협회 보고서에 따르면, 종량제 시행 이후 30년간 생활 폐기물이 약 1억 6천만 톤 줄었어요. 이는 5톤 트럭 3천만 대 분량으로, 경제 효과는 약 45조 원에 달해요.

하지만 최근 배달과 온라인 쇼핑이 늘면서 쓰레기 배출량이 늘고 있어요. 환경 운동가들은 "종량제 시행으로 쓰레기에 대한 인식은 높아졌지만, 앞으로는 생산과 유통 단계에서도 쓰레기를 줄이는 노력이 필요하다"고 말했어요.

알쏭달쏭 어휘 사전

· **시행**(施行) 실제로 행동하거나 법을 적용함.
· **도입**(導入) 기술이나 방법을 새로 들여옴.
· **규격**(規格) 제품의 크기나 모양에 정해진 기준.

· **반발**(反撥) 어떤 일에 반대하며 맞섬.
· **턱없다** 말이나 행동이 전혀 이치에 맞지 않음.

우리가 버린 쓰레기는 어디로 갈까?

재활용할 수 있는 쓰레기는 분리수거를 거쳐 선별장으로 가요. 그 외 일반 쓰레기는 보통 소각하거나 땅에 묻어요. 소각장은 쓰레기를 높은 온도에서 태워 부피를 줄이는 곳이에요. 이때 나오는 열은 에너지로도 써요. 태우고 남은 재와 태울 수 없는 쓰레기는 매립지에 묻어요. 현재 우리나라 쓰레기의 절반 정도가 인천 서구의 수도권 매립지에 있어요. 2025년까지 이곳을 사용할 예정인데, 2025년 10월 현재, 다음 매립지를 정하지 못했어요.

나라마다 다른 쓰레기 처리법

우리나라처럼 전 국민이 종량제를 실천하는 나라는 드물어요. 가장 비슷한 곳은 대만이에요. 우리는 아무 때나 쓰레기를 버리지만, 대만은 쓰레기차가 올 때 맞춰 내놔야 해요. 음악이 울리면 사람들이 쓰레기를 들고 나와요. 독일은 분리수거가 엄격해요. 플라스틱은 씻어서 버려야 하고, 병이나 캔을 반납하면 보증금을 돌려줘요. 일본은 지역마다 쓰레기 버리는 요일이 다르고, '가연성' '불연성' 등으로 나눠 버려요. 노르웨이는 봉투 색으로, 영국은 포장지 라벨을 보고 재활용 여부를 판단해요. 나라마다 방식은 달라도, 쓰레기를 줄이고 분리수거 하려는 노력은 같아요.

가난한 나라들이 쓰레기를 떠안는다고?

플라스틱이나 금속처럼 재활용이 가능한 폐기물은 나라끼리 사고팔기도 해요. 보통 선진국이 수출하면, 개발 도상국이 수입하는 구조예요. '기부'로 포장해 폐기물을 떠넘기기도 해요. 예전에는 중국이 세계 쓰레기의 절반 이상을 받아 주었지만, 2018년부터 수입을 멈췄어요. 그 뒤로 말레이시아, 태국, 터키, 가나 등이 쓰레기를 받고 있어요. 이제 쓰레기는 환경 문제를 넘어서, 국제적인 불평등 문제로 여겨져요.

더 생각해 보기

쓰레기를 '0'으로! 제로 웨이스트

제로 웨이스트(Zero Waste)는 쓰레기를 최대한 만들지 않으려는 생활 방식이에요. 일회용품 대신 여러 번 쓸 수 있는 물건을 사용해요. 요즘은 처음부터 포장을 없앤 제품도 늘었어요. 고체 치약과 샴푸, 대나무 칫솔, 전분으로 만든 그릇 등이 대표적인 제로 웨이스트 물건이에요. 쇼핑백을 팔지 않는 제로 웨이스트 상점도 늘었어요. 장바구니와 빈 통을 챙겨 가면, 필요한 만큼만 덜어 살 수 있어요.

1 기사 내용과 같으면 ○, 다르면 × 표시를 하세요.

(1) 우리나라는 1995년에 전국적으로 쓰레기 종량제를 도입했다. ( )

(2) 쓰레기 종량제는 쓰레기 색깔에 따라 돈을 내는 제도다. ( )

(3) 처음 쓰레기 종량제를 도입했을 때 반발이 없었다. ( )

(4) 쓰레기 종량제 시행 이후, 생활 쓰레기가 줄고 처리 비용도 절약됐다. ( )

2 밑줄 친 곳에 들어갈 알맞은 어휘를 보기 에서 골라 적으세요.

보기 시행, 도입, 반발, 턱없이

(1) 학교는 다음 주부터 새로운 시험 제도를 ( )한다고 발표했다.

(2) 그 물건을 사기에는 내 용돈이 ( ) 부족했다.

(3) 친구의 결정에 모두가 ( )했다.

(4) 카페에서 주문을 받는 키오스크를 ( )했다.

3 괄호 안에 알맞은 낱말을 넣어, 기사를 완성해 보세요.

내가 뽑은 제목:

우리나라는 1995년 세계 최초로 전국에 쓰레기 ( )를 도입했어요. 처음 엔 반발도 있었지만 지금은 ( ) 봉투 사용이 익숙해요. 덕분에 시행 30년 만에 폐기물이 약 1억 6천만 톤 줄고, ( ) 효과는 약 45조 원에 달해요. 하지만 여전히 쓰레기가 많아, ( )과 유통 단계에서도 쓰레기를 줄이려는 노력이 필요해요.

길거리 공공 쓰레기통, 설치해야 할까?

1995년, 쓰레기 종량제를 시행하면서 길거리의 공공 쓰레기통이 점점 사라졌어요. 규격 봉투를 사지 않고 몰래 버리는 사람들이 있었기 때문이에요. 그런데 최근 다시 공공 쓰레기통을 설치하는 곳이 늘었어요. 공공 쓰레기통은 꼭 있어야 할까요, 아니면 없는 게 나을까요?

A 쓰레기통이 없으면, 길에 쓰레기를 버리는 사람이 늘어요. 사람이 많이 다니는 곳에는 반드시 필요해요. 거리 곳곳에 쓰레기가 굴러다니는 건 보기에 좋지 않아요.

B 쓰레기통이 있어도 규칙을 지키지 않는 사람은 여전히 있을 거예요. 관리가 잘 안 되면 쓰레기통 주변이 더 더러워지고, 여름철엔 악취나 해충 문제도 생길 수 있어요.

C 쓰레기통을 없앤 탓에 쓰레기가 늘었던 옛날과 달리, 요즘은 테이크아웃이 많아지면서 일회용 쓰레기가 넘쳐나요. 재활용과 일반 쓰레기를 나눠 버릴 수 있다면 쓰레기 문제를 줄일 수 있을 거예요.

D 쓰레기통이 있으면 마음 놓고 일회용품을 더 많이 쓸 거예요. 게다가 공공 쓰레기통도 세금으로 운영하잖아요. 그 돈을 차라리 환경 교육이나 쓰레기 줄이는 정책에 쓰는 게 낫지 않을까요?

내 생각 정리하기

링컨의 게티즈버그 연설, 자유와 평등의 약속

87년 전(1863년 기준), 우리 선조들은 이 대륙에 자유를 바탕으로, 모든 사람은 평등하게 태어난다는 믿음을 품고 새 나라를 세웠습니다.

지금 우리는 큰 **내전** 속에서 이 나라의 **존속**을 시험받고 있습니다. 이곳은 바로 그 전쟁의 **격전지**입니다. 우리는 목숨을 바친 영웅들을 기리며, 이곳을 그들의 영원한 **안식처**로 바치기 위해 이 자리에 모였습니다.

(중략)

이제 우리에게 남겨진 위대한 일은 명예롭게 죽은 그들의 뜻을 이어받아, 그들이 지키고자 했던 **대의**를 따르는 것입니다. 그들의 죽음이 헛되지 않도록 다짐합시다.

하나님의 뜻 아래, 이 나라는 새로운 자유로 다시 태어날 것입니다. 그리고 국민을 위한, 국민에 의한, 국민의 정부는 이 땅에서 결코 사라지지 않을 것입니다.

어휘

내전(內戰) 한 나라 안에서 서로 싸우는 전쟁.
존속(存續) 어떤 현상이 계속되는 것.
격전지(激戰地) 격렬한 싸움이 벌어지는 곳.

안식처(安息處) 편하게 쉴 수 있는 곳.
대의(大義) 사람으로서 마땅히 지켜야 할 도리.

중심 내용 요약하기

링컨이 게티즈버그에서 연설한 이유

1863년 7월, 게티즈버그 전투가 벌어졌어요. 미국 남북 전쟁 중 가장 치열했던 순간이었지요. 북군이 승리했지만 많은 군인이 목숨을 잃었어요. 그해 11월, 링컨 대통령은 게티즈버그 국립묘지를 찾아 희생자들을 추모하며 연설했어요. 이 짧은 연설은 민주주의의 가치를 잘 담아낸 명연설로 평가받아요. 특히 "국민의, 국민에 의한, 국민을 위한 정치"라는 말이 가장 유명해요.

연설문 속 내전은 어떤 전쟁일까?

남북 전쟁은 1861년부터 1865년까지 미국에서 벌어진 내전이에요. 노예 제도를 반대한 링컨이 대통령이 되자, 노예 제도를 지지하던 남부 7개 주가 '남부 연합'을 만들고 독립을 선언하면서 전쟁이 시작됐어요. 농장이 많은 남부는 노예 노동력이 꼭 필요해 노예 해방을 반대했어요. 반면 공업이 발달한 북부는 노동력이 부족했는데, 노예 해방이 이뤄지면 일할 사람을 구할 수 있다고 보았지요. 전쟁은 결국 북부의 승리로 끝났고, 노예 제도는 폐지되었어요.

연설문의 특징

연설은 여러 사람 앞에서 자신의 생각이나 주장을 말해 듣는 사람을 설득하는 거예요. 학교 회장 선거를 할 때 자신을 뽑아 달라고 친구들 앞에서 공약을 말하는 것도 연설이에요. 연설문을 쓸 때는 누가 듣는지, 무엇에 관심이 있을지 먼저 생각해야 해요. 주제는 명확하고 구체적으로, 문장은 간결하고 쉽게 쓰는 게 좋아요. 주장하는 내용은 글의 앞부분에 먼저 쓰면 효과적이에요.

자유와 평등을 지킨 대통령, 에이브러햄 링컨(1809년~1865년)

1860년, 미국의 제16대 대통령이 되었어요. 이듬해 남북 전쟁이 일어났고, 링컨은 위기 속에서도 리더십을 발휘해 미국을 하나로 지켜 냈어요. 또한 노예 제도를 폐지해 자유와 평등의 가치를 실현했지요. 그는 미국 역사상 가장 존경받는 대통령이자, 세계적인 위인이에요.

1 연설문 내용과 같으면 ○, 다르면 × 표시를 하세요.

(1) 미국은 모든 사람은 태어날 때 평등하다는 믿음 아래 세워졌다.　　　　(　　　)

(2) 이 연설은 전쟁에서 목숨을 바친 영웅들을 기리기 위해 한 것이다.　　　　(　　　)

(3) '국민을 위한 정부'는 언젠가 사라질 것이라고 말했다.　　　　(　　　)

2 밑줄 친 곳에 들어갈 알맞은 어휘를 **보기** 에서 골라 적으세요.

> **보기**　　내전, 존속, 안식처, 대의

(1) 이 떡갈나무는 새들의 (　　　　　　　)가 되어 주었다.

(2) 그는 나라를 지키는 (　　　　　　　)를 위해 용감하게 나섰다.

(3) 전통을 (　　　　　　　)시키기 위해 마을 사람들은 매년 축제를 연다.

(4) 오랜 (　　　　　　　)으로 많은 사람이 고향을 떠나야 했다.

생각을 확장하는 글쓰기

내가 생각하는 '국민을 위한, 국민에 의한, 국민의 정부'는 어떤 모습인가요?

_____

_____

_____

_____

7주차

#미·중무역전쟁
#K-컬처
#데드봇
#문화주권
#컨셔스패션
#고전소설

미국 대 중국,
무역 전쟁이 다시 시작됐다

세계 경제 1, 2위를 다투는 미국과 중국의 무역 전쟁이 점점 **격화**되고 있어요.

2025년 4월, 트럼프 미국 대통령이 "중국에 대한 **관세**를 125퍼센트 인상하겠다"고 발표하자, 중국도 미국산 수입품에 84퍼센트의 추가 관세를 매기며 맞섰어요. 이렇게 미국이 관세를 올리면 중국도 똑같이 되갚는 '맞불 관세'로 대응하는 상황이 반복되고 있어요.

미·중 무역 전쟁은 이번이 처음이 아니에요. 2018년 무역 전쟁 때도 전 세계 경제가 크게 흔들렸어요. 이번에는 관세 품목과 세율이 더 커서, 전 세계 경제에 더 큰 영향을 줄 것으로 보여요. 세계무역기구(WTO)는 이번 무역 전쟁으로 미·중 간 상품 **교역**이 최대 80퍼센트까지 줄어들 수 있다고 **추산**했어요. 두 나라는 큰 피해를 무릅쓰고 서로 양보하지 않는 '치킨 게임'을 벌이고 있어요.

한편, 미국에서는 관세 인상으로 스마트폰 가격이 오를까 봐 애플 매장에 사람들이 몰려 **사재기**가 벌어지기도 했어요. 전문가들은 "미국이 중국의 기술 발전을 견제하기 위해 무역 전쟁을 벌이는 것"이라며, "이런 무차별 관세 정책이 미국은 물론 전 세계 경제를 위협할 수 있다"고 말했어요.

알쏭달쏭 어휘 사전

· **격화**(激化) 더 심해지고 거세짐.
· **관세**(關稅) 물건을 수출하거나 수입할 때 부과되는 세금.
· **교역**(交易) 나라와 나라 사이에 물건을 사고파는 일.

· **추산**(推算) 짐작하여 계산함.
· **사재기** 물건값이 오를 걸 예상하고 미리 사 두는 일.

미국이 관세를 올리는 이유는?

트럼프 대통령은 무역 적자를 줄이기 위해 주요 국가에 관세를 높였어요. 중국, 캐나다, 멕시코 등은 미국에 철강 같은 제품을 많이 팔지만, 미국 제품은 잘 사지 않아요. 미국은 이를 불공정 무역이라고 여겼어요. 하지만 무역 전쟁이 길어지면 수입품 가격이 올라 국민들의 소비가 위축되고, 기업도 투자를 꺼리게 돼요. 그러면 일자리가 줄고, 나라 경제가 흔들릴 수 있어요.

미국은 왜 유독 중국에 강하게 대응할까?

중국의 경제 규모가 커지고 기술력이 점점 발전하고 있기 때문이에요. 지금은 미국 경제 규모가 더 크지만, 언젠가 중국이 앞설지도 모른다는 전망도 있어요. 그래서 미국은 중국을 견제하고, 자국 제조업을 살리기 위해 중국산 제품에 높은 관세를 매겼어요. 그동안 값싼 중국 제품에 의존하던 미국 기업들이 다시 미국 안에서 물건을 만들도록 유도해, 일자리를 늘리고 세계 1위 자리를 지키기 위한 전략이에요.

치킨 게임이란?

'치킨 게임(Chicken Game)'은 서로 먼저 물러서지 않으려다 결국 모두 피해를 보는 극단적인 경쟁을 말해요. 이 표현은 차를 몰고 서로를 향해 달리다 먼저 핸들을 꺾는 사람이 '겁쟁이(치킨)'로 불렸던 게임에서 나왔어요. 무역 전쟁에서도 미국과 중국이 끝까지 양보하지 않고 '치킨 게임'을 한다면, 두 나라 모두 큰 손해를 볼 수 있어요.

더 생각해 보기

관세를 없애는 자유무역협정

자유무역협정(FTA)은 나라 간에 물건이나 서비스를 사고팔 때 붙는 관세를 줄이거나 없애자는 약속이에요. 예전에는 자국 산업을 보호하려고 관세를 높였지만, 지금은 자유로운 무역이 더 큰 이익을 준다는 생각이 퍼졌어요. 우리나라는 미국, 중국, 호주 등 59개국과 자유무역협정을 맺었어요. 최근에는 필리핀과도 협정을 체결했어요. 이 협정으로 우리는 자동차, 전자제품, 화장품을 수출하고, 필리핀에서 전기 차 배터리에 필요한 광물을 안정적으로 수입하게 되었어요.

1 기사 내용과 같으면 ○, 다르면 × 표시를 하세요.

(1) 미국과 중국의 무역 전쟁은 2025년에 처음 일어났다. ( )

(2) 미국이 중국에 관세를 올리자 중국도 '맞불 관세'로 대응했다. ( )

(3) 미·중 무역 전쟁이 일어나면 전 세계 경기가 크게 나빠진다. ( )

(4) 미국에서는 관세 때문에 스마트폰 사재기가 벌어졌다. ( )

2 밑줄 친 곳에 들어갈 알맞은 어휘를 보기 에서 골라 적으세요.

> **보기** 격화, 관세, 교역, 추산

(1) 감정이 ( )된 상황에서는 서로 조심해서 말해야 한다.

(2) 우리나라는 여러 나라와 ( )을 하고 있다.

(3) 오늘 행사에 온 사람은 약 100명으로 ( )된다.

(4) ( )를 높이면 해외 수입 제품의 가격이 상승한다.

3 괄호 안에 알맞은 낱말을 넣어, 기사를 완성해 보세요.

내가 뽑은 제목:

_____

미국과 중국의 무역 전쟁이 점점 ( )되고 있어요. 미국이 중국에 대한 ( )를 인상하자, 중국도 맞서 관세를 올렸지요. 세계무역기구는 이번 무역 전쟁으로 미·중 간 상품 ( )이 크게 줄어들 것으로 예상했어요. 전문가들은 미국의 관세 정책이 전 세계 경제를 ( )할 수 있다고 경고했어요.

자국 산업을 보호하기 위해 관세를 올려야 할까?

미국은 중국과의 무역에서 큰 적자를 보고 있어요. 그래서 자국 산업을 지키기 위해 중국산 제품에 높은 관세를 매겼지요. 이처럼 정부가 수입을 제한해 자국 경제를 보호하려는 걸 '보호 무역'이라고 해요. 나라 경제를 지키려면 꼭 관세를 올려야 할까요?

A 한 나라가 관세를 올리면, 다른 나라도 똑같이 관세를 올릴 수 있어요. 결국 양쪽 모두 경제적 손해를 보지요. 또 관세가 오르면 물가도 올라, 국민들의 살림살이도 어려워질 거예요.

B 반도체, 배터리, 식량처럼 꼭 필요한 산업을 해외 수입에 의존하면, 위기 상황에서 큰 타격을 받을 수 있어요. 이런 산업만큼은 관세를 높여 수입을 줄이고, 자국에서 키워야 한다고 생각해요.

C 일본은 자국 쌀 농업을 지키기 위해 높은 관세를 붙였지만, 자연재해와 사재기로 쌀이 부족해지자 가격이 폭등했어요. 해외 쌀과 경쟁했다면 농업 기술이 더 발전했을지도 몰라요. 경쟁 없이 보호만 받으면 오히려 산업이 더디게 발전할 수 있어요.

D 관세를 낮추면 값싼 수입품이 들어와 자국 기업이 경쟁에서 밀릴 수 있어요. 그래서 미국은 2018년 철강과 알루미늄 산업을 지키려고 관세를 올렸어요. 그 덕분에 철강업계는 일자리가 늘고 산업 기반도 회복했지요. 관세를 높이는 건 자국 산업을 보호하는 국가의 당연한 조치예요.

내 생각 정리하기

K-컬처 열풍, 전 세계를 사로잡다

K-팝 아이돌과 무속 신앙이라는 한국적 요소를 담은 애니메이션 〈케이팝 데몬 헌터스〉가 넷플릭스 영화 시청 수 **역대** 1위에 올랐어요. 2025년 9월 기준 누적 시청 수 3억 회를 돌파하며 신기록을 세운 거예요.

〈오징어 게임〉 시즌 2는 2025년 2월 미국 '크리틱스 초이스'에서 최우수 외국어 시리즈 상을 받으며 K-컬처의 **위상**을 다시 한번 알렸어요. 프랑스를 비롯한 여러 나라에서 다양한 행사를 열며 공개된 시즌 3도 성공을 거두었지요.

이런 K-컬처 **열풍**은 K-팝을 시작으로 드라마, 뷰티, 패션까지 퍼졌어요. 〈오징어 게임〉에 나온 달고나와 공기놀이 용품은 세계 온라인 시장에서 인기를 끌었고, 〈케이팝 데몬 헌터스〉 속 갓과 호랑이 같은 전통 모티프도 관심을 모았어요. 이 덕분에 국립중앙박물관 관람객도 크게 늘어 최다 기록을 세울 것으로 보여요.

요즘은 K-푸드까지 주목받고 있어요. 특히 김밥과 라면은 세계인의 입맛을 사로잡으며 K-푸드 확산에 **일조**했지요. 실제로 2025년 1분기 K-푸드 수출액은 약 24억 8천만 달러(한화 약 3조 4천억 원)로, 지난해보다 9.6퍼센트 늘어 역대 최고 기록을 **경신**했어요.

알쏭달쏭 어휘 사전

· **역대**(歷代) 예전부터 지금까지 이어져 온 여러 시대.
· **위상**(位相) 어떤 대상이 자리 잡고 있는 위치나 중요성.
· **열풍**(烈風) 어떤 일이 아주 빠르고 세차게 퍼지는 현상.
· **일조**(一助) 조금이나마 도움이 됨.
· **경신**(更新) 이전의 최고 기록을 깨뜨림.

K-컬처는 전통문화와 다를까?

한국 문화가 해외에서 인기를 끄는 현상을 '한류'라고 해요. 한류가 퍼지면서 생겨난 말이 'K-컬처'지요. 여기서 'K'는 '코리아(Korea)'의 약자예요. K-컬처는 K-팝, K-드라마, K-뷰티, K-패션처럼 한국의 현대 문화와 예술을 말해요. 문화는 옛날부터 내려온 전통문화와 오늘날의 현대 문화를 모두 포함하지만, 세계에서 주목받는 K-컬처는 주로 현대 문화예요. 또 하나 중요한 점은, K-컬처는 '세계인이 바라보는 한국 문화'라는 점이에요. 그래서 한국인이 생각하는 문화와 다를 수 있어요.

K-컬처 덕분에 새로운 일자리가 생겼다고?

K-컬처가 세계적으로 인기를 끌면서 우리 경제에도 좋은 영향을 주고 있어요. 그중 가장 눈에 띄는 건 '일자리'예요. 중소벤처기업부는 영상, 공연, 음반, 게임 분야에서 일자리가 늘었다고 발표했어요. 또한 K-컬처 덕분에 새로운 직업도 생겨났어요. 한국어 콘텐츠를 다른 나라 말로 번역하는 '콘텐츠 번역가', 나라별로 K-콘텐츠를 알리는 '글로벌 홍보 기획자', 한류의 성공을 분석하고 정책을 돕는 'K-콘텐츠 분석가' 같은 직업이에요. K-컬처의 인기가 이어지는 한, 이런 일자리도 더 많아질 거예요.

K-컬처, 보호도 필요해요

K-컬처가 인기를 끄는 만큼 위협도 받고 있어요. 2024년에는 해외에서 불법 유통된 K-콘텐츠가 4억 건이 넘는다는 조사 결과도 나왔어요. 이런 문제를 막기 위해 '한류산업진흥 기본법'이 만들어졌어요. 이 법은 국가가 K-컬처와 관련된 산업을 보호하고 지원한다는 내용을 담고 있어요. 앞으로 K-콘텐츠의 무단 복제나 불법 유통을 줄이는 데 도움이 될 거예요.

더 생각해 보기

'반한류'는 표현의 자유를 막을까?

K-컬처를 좋아하는 사람이 있는 반면, 부정적으로 보는 사람도 있어요. 이런 현상을 '반(反)한류'라고 해요. 일본에서는 독도와 역사 문제로 한류를 싫어한다는 뜻의 '혐(嫌)한류'라는 말이 생겼고, 중국은 K-컬처를 막는 '금(禁)한령'을 내렸어요. 한국 연예인이 나온 광고도 금지했죠. 일각에서는 이런 문화 통제가 '표현의 자유'를 해친다고 비판해요. 표현의 자유는 누구나 좋아하는 것을 즐기고 생각을 나눌 수 있는 소중한 권리예요. 특정 문화를 통제하는 것이 과연 옳은 일인지 함께 생각해 봐야 해요.

1 기사 내용과 같으면 ○, 다르면 × 표시를 하세요.

(1) 〈케이팝 데몬 헌터스〉는 넷플릭스 영화 시청 수에서 역대 1위를 했다. ( )

(2) 〈오징어 게임〉 시즌 2는 미국 '크리틱스 초이스'에서 상을 받지 못했다. ( )

(3) 달고나와 공기놀이는 〈오징어 게임〉 덕분에 세계에서 인기를 끌었다. ( )

(4) 2025년 1분기 K-푸드 수출액은 지난해보다 줄어들었다. ( )

2 밑줄 친 곳에 들어갈 알맞은 어휘를 보기 에서 골라 적으세요.

보기 위상, 열풍, 일조, 경신

(1) 올여름에는 민소매 셔츠가 ( )을 일으켰다.

(2) 이 수상으로 한국 영화의 세계적 ( )이 높아졌다.

(3) 선수는 세계 기록을 다시 ( )하는 데 성공했다.

(4) 시민들의 참여가 환경 보호에 큰 ( )를 했다.

3 괄호 안에 알맞은 낱말을 넣어, 기사를 완성해 보세요.

내가 뽑은 제목:

〈케이팝 데몬 헌터스〉가 넷플릭스 영화 시청 수 역대 1위를 차지했어요. 〈오징어 게임〉 시즌 2도 미국 시상식에서 수상하며 ( )의 위상을 드높였지요. 이 열풍은 K-팝을 시작으로 드라마, 뷰티, 패션, 푸드로 퍼졌어요. 김밥과 라면도 K-푸드 확산에 ( )했지요. 2025년 1분기 K-푸드 ( )액은 지난해보다 늘어 역대 최고 기록을 ( )했어요.

드라마 속 외국인 캐릭터, 이렇게 그려도 될까?

〈오징어 게임〉 시즌 1은 파키스탄에서 큰 비난을 받았어요. 파키스탄 출신 이주 노동자 역할을 힌두교를 믿는 인도 출신 배우가 맡았기 때문이에요. 파키스탄과 인도는 오랜 갈등을 겪고 있어 이런 캐스팅이 논란이 됐어요. 여러분은 이 문제를 어떻게 생각하나요?

A K-컬처가 세계를 무대로 한다면 문화 다양성을 반드시 고려해야 해요. 작은 실수 하나가 공든 탑을 무너뜨릴 수 있어요. 이런 일이 반복된다면, K-컬처에 등을 돌리는 나라도 생길 거예요.

B 문화를 나쁘게 표현한 것도 아니잖아요. 단지 배우의 종교가 다르다고 비난하는 건 지나치다고 생각해요. 배우를 섭외하는 데 어려움도 크고요. 문화 존중도 중요하지만 제작 현실을 고려해야 한다고 생각해요.

C K-컬처가 더 성장하려면 다양한 문화와 종교에 대한 이해가 꼭 필요해요. 제작자들은 캐릭터 하나에도 더 많은 고민과 책임감을 가져야 한다고 생각해요.

D 과도한 비판은 표현의 자유를 침해할 수 있어요. 콘텐츠 산업을 위축시킬 거예요. 창작자들이 생각을 펼칠 수 있도록 과도한 비판을 삼가야 제2, 제3의 〈오징어 게임〉이 나올 수 있어요.

내 생각 정리하기

_____

_____

_____

죽은 가족과 대화?
데드봇 서비스 등장

개암이네 가족은 깊은 슬픔에 잠겼어요. 몇 주 전, 할머니가 세상을 떠났거든요. 그런데 어느 날, 아빠 스마트폰으로 고인인 할머니에게 전화가 걸려 왔어요. 평소처럼 안부를 묻는 목소리에 모두 놀랐지요. 알고 보니 아빠가 신청한 '데드봇 서비스'였어요. 심지어 문자도 주고받을 수 있었지요.

'데드봇(Deadbot)'은 세상을 떠난 사람의 목소리, 말투, 성격 등을 되살려 대화할 수 있게 만든 AI 챗봇이에요. 고인이 남긴 글, 사진, 영상, 대화 기록을 바탕으로 말투와 성격을 모사하지요. 애도를 돕는다는 뜻에서 '그리프봇(Griefbot)'이라고도 불리며, 주로 유족이 그리움을 달래기 위해 사용해요. 시한부 환자가 가족을 위해 미리 준비하는 경우도 있어요.

데드봇 같은 AI 챗봇이 널리 쓰이면서 최근엔 부작용도 지적되고 있어요. 영국 케임브리지 대학교 연구진은 "비윤리적인 기업이 데드봇을 악용하면 유족이 원치 않는 광고를 받거나, '디지털 스토킹'처럼 느낄 수 있다"고 지적했어요. 특히 "아직 죽음을 받아들이는 데 서툰 미성년자가 이용하면 애도 과정을 방해해 오히려 상처가 커질 수 있다"며, 이용 기간을 제한하거나 성인만 사용하도록 규제가 필요하다고 밝혔어요.

알쏭달쏭 어휘 사전

· **고인**(故人) 죽은 사람.
· **모사**(模寫) 원본을 베끼거나 흉내 내는 것.
· **시한부**(時限附) 어떤 일에 일정한 시간의 한계를 둠.

· **유족**(遺族) 죽은 사람의 남은 가족.
· **애도**(哀悼) 누군가의 죽음을 슬퍼함.

딥 러닝 기술로 발전하는 챗봇

챗봇은 화면이나 음성으로 사람과 대화하는 로봇이에요. AI와 딥 러닝 기술이 발달하면서 챗봇도 빠르게 발전하고 있어요. 딥 러닝(Deep Learning)은 컴퓨터가 스스로 학습하고 판단하는 기술이에요. 많은 데이터를 분석해 미래를 예측하기도 해요. 예전 챗봇은 사람이 입력한 말만 그대로 따라 했지만, 요즘 챗봇은 대화 내용을 기억하고 문맥을 이해해 훨씬 자연스럽게 대화할 수 있어요. 저장된 데이터가 많을수록 더욱 사람과 비슷하게 대답하지요.

챗봇의 언어는 따로 있다고?

언어는 사람이 쓰는 '자연어'와 컴퓨터가 쓰는 '인공어'로 나뉘어요. 우리가 일상에서 쓰는 한국어나 영어 같은 말이 자연어예요. 반면, 컴퓨터 언어인 프로그래밍 언어는 인공어예요. 챗봇이 사람과 대화하려면 자연어를 처리하는 기술이 꼭 필요해요. 자연어 처리는 두 단계로 이루어져요. 첫 번째는 '자연어 이해(NLU)'로, 사람의 말을 분석해 뜻을 파악해요. 두 번째는 '자연어 생성(NLG)'으로, 컴퓨터가 이해한 내용을 사람이 알아들을 수 있는 말로 바꿔요. 이 과정을 거쳐야 챗봇이 사람과 자연스럽게 대화할 수 있어요.

메타버스에 생긴 '디지털 묘지'

일본에서는 디지털 묘지가 인기를 끌고 있어요. 디지털 묘지는 온라인에 가상의 묘지를 만들어 장례를 치르고 추모하는 공간이에요. 유족은 아바타를 만들어 고인의 빈소나 무덤을 찾아가요. 일본은 저출산과 고령화가 심해 묘지를 돌볼 사람이 부족해요. 그래서 실제 묘 대신 디지털 묘지를 선택하는 사람이 많아졌어요.

더 생각해 보기

보이지 않는 흔적, 디지털 발자국

디지털 발자국은 인터넷을 사용할 때 남는 모든 흔적이에요. 사진, 댓글, 검색 기록, 쇼핑 목록, 위치 정보까지 모두 포함해요. 사람이 세상을 떠난 뒤 남은 디지털 흔적은 '디지털 유산'이 돼요. 요즘은 이 유산을 가족이 관리해야 한다는 의견과, 고인의 개인 정보를 지켜야 한다는 의견이 맞서고 있어요. 이를 안전하게 관리할 수 있는 법도 논의 중이에요.

1 기사 내용과 같으면 ○, 다르면 × 표시를 하세요.

(1) 데드봇은 세상을 떠난 사람의 목소리와 말투를 흉내 내는 AI 챗봇이다. ( )

(2) 데드봇은 고인이 남긴 글, 사진, 영상을 바탕으로 만들어진다. ( )

(3) '그리프봇'은 애도를 돕는다는 의미에서 붙여진 이름이다. ( )

(4) 미성년자가 데드봇을 사용해도 아무런 문제가 없다는 의견이 많다. ( )

2 밑줄 친 곳에 들어갈 알맞은 어휘를 보기 에서 골라 적으세요.

> **보기**　모사, 시한부, 유족, 애도

(1) ( )들은 깊이 슬퍼하며 묘지를 떠나지 않았다.

(2) 대통령은 ( ) 기간 동안 공식 일정을 모두 취소했다.

(3) 그는 불치병으로 ( ) 인생을 살지만, 웃음을 잃지 않았다.

(4) 그는 유명 화가의 그림을 똑같이 ( )하는 능력이 있다.

3 괄호 안에 알맞은 낱말을 넣어, 기사를 완성해 보세요.

내가 뽑은 제목:

_____

> 세상을 떠난 사람과 대화할 수 있는 AI 챗봇 '( )'이 주목받고 있어요. '애도를 돕는다'는 뜻에서 '( )'이라고도 불려요. 유족의 ( )을 달래거나 시한부 환자가 가족을 위해 미리 준비하기도 해요. 하지만 미성년자가 이용하면 죽음을 받아들이는 ( ) 과정을 방해할 수 있다는 우려도 있어요.

데드봇, 위로가 될까 위험이 될까?

미국과 중국에서는 데드봇 서비스가 점점 늘고 있어요. 하지만 사람마다 이 서비스에 대한 생각이 달라요. 고인을 떠올리며 마음을 달랠 수 있지만, 오히려 건강하게 이별하는 과정을 방해하거나 어린이와 청소년에게 정서적으로 좋지 않을 수도 있어요. 여러분의 생각은 어떤가요?

A 가까운 사람과 갑작스럽게 이별했을 때 데드봇을 이용하면 좋을 것 같아요. 사랑하는 사람이 떠난 충격은 말로 표현하기 힘들잖아요. 데드봇과 대화를 나누며 이별을 받아들이는 과정을 거치면 슬픔을 이겨 낼 수 있다고 생각해요.

B '사랑해' '미안해'처럼 전하지 못한 말을 데드봇에게 하며 마음을 정리할 수 있어요. 가까운 사람이 세상을 떠나면 슬픔과 우울감에 빠지기 쉬운데, 데드봇은 사진이나 영상보다 훨씬 실제 같아서 슬픔을 잊게 해 줘요.

C 데드봇을 너무 오래 사용하면 현실과 가상을 헷갈릴 수 있어요. 고인의 죽음을 받아들이지 못하고, 데드봇을 실제라고 믿을지도 몰라요. 특히 어린이나 청소년이 데드봇을 실제라고 믿어 버리면, 더 혼란스러울 거예요.

D 고인이 생전에 데드봇을 원하지 않았다면, 인권 침해가 될 수 있어요. 고인의 개인 정보가 유출되거나 악용될 위험도 있지요. 그래서 데드봇을 사용할 수 있는 기간이나 나이를 정해 놓는 규칙이 필요하다고 생각해요.

내 생각 정리하기

"거짓말 그만!"
중국 문화 왜곡에 맞선 반크

한국의 전통문화를 중국 문화라고 주장하는 '역사 가로채기'가 점점 심해지고 있어요. 김치, 한복, 판소리, 한글은 물론, 최근에는 전통 음악과 전통놀이까지 중국의 '국가급 무형문화유산'으로 지정되었지요. 나아가 중국은 이를 유네스코에 등재하려는 움직임도 보여요. 국가급 문화유산은 해당 나라에서만 효력이 있지만, 유네스코 세계문화유산은 세계적으로 인정받는 제도라 우리 문화가 중국의 것으로 잘못 알려질 수 있어 심각한 문제예요.

이를 **좌시**할 수 없었던 사이버외교사절단 반크는 세계적인 **캠페인**을 벌이며 대응하고 있어요. 반크는 중국이 우리나라의 퉁소, 아리랑, 가야금, 해금, 널뛰기, 그네뛰기, 씨름, 윷놀이 등을 국가급 문화유산으로 지정한 것은 한국의 문화적 권리를 침해하는 일이라고 비판했어요.

특히 씨름은 고구려 고분 벽화에도 그려져 있을 만큼 **유구**한 전통을 지닌 한국의 대표 문화예요. 2018년에는 유네스코 인류무형문화유산으로 **등재**되었어요. 그런데 2011년 중국은 씨름을 '조선족 문화'라는 **명분**으로 국가급 무형문화유산에 등록했어요.

반크 연구원은 "중국이 역사 동북 공정에 이어 문화 동북 공정까지 벌이고 있다"며 "한국 전통문화의 정체성을 세계에 알리고, 문화 주권을 지키려는 노력이 필요하다"고 강조했어요.

알쏭달쏭 어휘 사전

· **좌시**(坐視) 그냥 보고만 있고 참견하지 않음.
· **캠페인** 특정 목적을 위해 여러 사람이 함께 벌이는 운동.
· **유구**(悠久) 아주 오래됨.

· **등재**(登載) 이름이나 내용을 공식 문서에 올림.
· **명분**(名分) 어떤 일을 하려고 내세우는 이유나 핑계.

중국의 동북 공정은 무엇일까?

동북 공정은 2002년부터 중국이 동북 지방, 즉 만주 지역의 역사를 연구한다며 시작한 계획이에요. 중국은 이 지역의 역사를 모두 자기 역사로 만들려는 계획이지요. 특히 고조선, 고구려, 발해가 중국의 일부였다고 잘못된 주장을 하고 있어요. 하지만 이 세 나라는 분명히 만주와 한반도 모두를 영토로 삼은 우리나라의 역사예요. 최근 중국은 역사뿐 아니라 전통문화가 중국 것이라 주장하는 '문화 동북 공정'까지 벌이며, 우리나라와 외교 갈등을 빚고 있어요.

문화에도 주권이 있다고?

국가를 이루는 세 가지 요소는 국민, 영토, 주권이에요. 이 가운데 '주권'은 나라의 중요한 일을 스스로 결정할 수 있는 권리예요. 국제 사회에서는 다른 나라의 간섭 없이 나라를 이끌 권리를 뜻해요. 최근에는 세계화로 나라 사이의 교류가 활발해지면서 '문화 주권'이란 개념도 등장했어요. 문화에서도 외부 영향 없이 우리 고유의 문화를 지키는 권리예요. 다른 나라가 한국 문화를 자기 것이라고 주장하거나, 한국 콘텐츠를 무단으로 사용하면 문화 주권 침해예요. 우리 문화를 제대로 알고 지키려는 노력이 문화 주권을 보호하는 길이에요.

사이버외교사절단 '반크'

반크는 1999년 만들어진 민간단체로, 한국을 세계에 바르게 알리는 활동을 해요. '사이버'는 이메일과 인터넷을 활용한다는 뜻에서 붙은 말이에요. 반크는 외국인에게 한국 정보를 전하고, 한국 학생과 외국 학생의 교류도 도와요. 특히 세계 지도, 교과서, 백과사전 등에 잘못 알려진 한국 정보를 찾아 고쳐요. 시민이 직접 참여해 '디지털 외교관' 역할을 하지요. 대표적으로 '동해 되찾기 운동'을 펼쳐 일본이 주장한 '일본해'를 '동해'로 바로잡는 데 앞장섰어요.

더 생각해 보기

유네스코 세계문화유산을 서로 등재하려는 이유는?

유네스코 세계문화유산으로 등재되면 여러 가지 좋은 점이 있어요. 문화재 보호가 강화되고, 국제적인 위상도 높아지지요. 국민의 자긍심도 커지고, 외국인 관광객을 유치하는 데 도움이 돼요. 1997년 창덕궁이 세계문화유산이 되자 한국 문화에 관심을 갖는 나라가 무척 늘어났어요. 이렇게 세계문화유산으로 인정받으면 그 나라의 문화적 영향력이 높아져요. 그래서 일부 나라는 다른 나라의 문화유산을 자기 것이라고 주장해요.

1 기사 내용과 같으면 ○, 다르면 × 표시를 하세요.

(1) 중국은 김치, 한복, 판소리, 한글을 자국의 문화유산이라고 주장했다. (　　　)

(2) 국가급 문화유산은 전 세계에서 인정받는다. (　　　)

(3) 씨름은 고구려 고분 벽화에도 나올 만큼 오래된 한국의 전통문화다. (　　　)

(4) 반크는 중국의 역사 가로채기를 막기 위해 캠페인을 벌이고 있다. (　　　)

2 밑줄 친 곳에 들어갈 알맞은 어휘를 [보기]에서 골라 적으세요.

보기	좌시, 유구, 등재, 명분

(1) 잘못된 일을 그냥 (　　　　　　)해서는 안 된다.

(2) 한글은 유네스코 세계기록유산에 (　　　　　　)된 자랑스러운 문화유산이다.

(3) 경주의 고분은 우리 민족의 (　　　　　　)한 역사를 보여 준다.

(4) 친구는 건강을 지킨다는 (　　　　　　)으로 운동을 시작했다.

3 괄호 안에 알맞은 낱말을 넣어, 기사를 완성해 보세요.

내가 뽑은 제목:

중국은 김치, 한복은 물론 씨름과 전통놀이까지 자기네 문화유산이라고 주장하며 (　　　　　　)에 등재하려고 해요. 이에 사이버외교사절단 반크는 세계적인 (　　　　　　)을 벌이며 대응해요. 특히 중국이 (　　　　　　)을 조선족 문화라며 국가급 문화유산에 등록한 사실을 알리며, 한국의 문화 (　　　　　　)을 지켜야 한다고 강조했어요.

전통문화 보호, 국가의 역할은 무엇일까?

중국의 유명 유튜버가 김치 담그는 영상을 올리며 '#중국전통요리' '#중국음식'이라고 소개했어요. 마치 김치가 중국의 전통 음식인 것처럼 말한 거예요. 이처럼 다른 나라가 한복, 씨름 같은 우리 전통문화를 자기 문화라고 주장하는 일이 계속 생기고 있어요. 이런 상황에서 우리나라 정부는 어떻게 대응해야 할까요?

A 국가가 문화 주권을 지키는 건 당연한 일이에요. 할 수 있는 모든 방법으로 강하게 대응해야 해요. 외교적으로 항의하고, 필요하다면 법적인 절차도 밟아야 해요.

B 정부가 나서지 않으면, 다른 나라 사람들이 거짓 주장을 믿을 수도 있어요. 한국이 그 주장을 인정한 것처럼 보일 수 있고요. 이런 일이 반복되지 않도록, 국가가 적극적으로 나서 우리 문화를 잘 보존하고 널리 알려야 해요.

C 정부가 쉽게 나서지 못하는 건 외교나 경제 문제로 번질 수 있기 때문이에요. 예전에 미국이 미사일 방어 체계인 사드를 우리나라에 배치하자, 중국은 한국 제품 수입을 줄였어요. 이처럼 강하게 대응하면 우리 경제에 피해가 생길 수 있으니, 정부는 신중해야 해요.

D 외교 마찰은 우리나라에 득이 될 게 없어요. 그 피해는 결국 국민이 감당해야 해요. 그래서 정부보다 국민이 나서서 우리 문화를 제대로 알리는 게 더 좋은 방법이에요. 외교 마찰은 피하면서도, 효과적으로 대응할 수 있어요.

내 생각 정리하기

_____

_____

_____

지구를 살리는 옷, 컨셔스 패션이 뜬다

패션에 관심 많은 개암이는 오늘도 인플루언서가 추천하는 코디 영상을 보고 있어요. 그중 멋진 가죽 자켓과 가방이 눈에 띄었지요. 동물을 좋아하는 개암이는 가죽을 동물의 **사체**로 만든다는 이야기를 듣고 평소 가죽 제품을 피했어요.

그런데 이 제품은 '**비건** 가죽'으로 만들었다고 해요. 파인애플, 선인장, 버섯 같은 식물로 만든 가

(단위: t)
출처: 환경부

6.6만 — 2018년
11만 — 2022년
11만 900 — 2023년

국내 의류 폐기물 발생 규모

죽이라니, 귀가 솔깃했지요. 버려진 플라스틱을 재활용한 가방도 마음에 들었어요. 가격은 조금 비쌌지만, 개암이는 환경을 생각해 망설이지 않고 구입했지요.

개암이의 소비 방식은 '컨셔스 패션(Conscious Fashion)'이에요. '**의식** 있는 소비'라는 뜻으로, 옷을 만들고 입을 때 환경을 생각하자는 의미가 담겨 있어요. 우리나라에서는 해마다 약 12만 톤의 옷이 버려져요. 옷을 태우거나 땅에 묻는 과정에서 많은 이산화 탄소가 나와 환경을 해치지요. 옷을 만드는 데는 물이 많이 필요하고 **온실가스**도 배출돼요. 이런 문제를 줄이기 위해 컨셔스 패션이 생겨난 거예요.

요즘은 소재부터 제작, 판매까지 환경을 고려한 컨셔스 패션이 주목받고 있어요. 환경 운동가들은 "컨셔스 패션도 좋지만, 환경을 지키는 가장 좋은 방법은 새 옷을 덜 사고, 중고 물품을 **애용**하는 것"이라고 말해요.

알쏭달쏭 어휘 사전

· **사체(死體)** 사람이나 동물의 죽은 몸.
· **비건** 채소, 과일, 해조류처럼 식물성 음식만 먹는 철저한 채식 주의자.
· **의식(意識)** 어떤 일이나 현상에 대해 느끼고 생각하는 마음.

· **온실가스(溫室-)** 지구를 따뜻하게 만드는 이산화 탄소, 메탄 같은 가스.
· **애용(愛用)** 좋아해서 자주 사용함.

한철 입고 버리는 패스트 패션

패스트 패션(Fast Fashion)은 패스트푸드처럼 빠르게 만들고 소비되는 옷을 말해요. 보통은 계절마다 새 옷을 내놓지만, 패스트 패션 기업은 1~2주, 심지어 하루 만에 새 옷을 만들어요. 유행을 좇다 보니 빨리 만들고 쉽게 버리는 거예요. 그런데 옷 하나를 만드는 데도 많은 자원이 들어요. 면 티셔츠 한 장에는 물이 2,700리터나 들고, 염색 과정에서 생긴 폐수는 강과 바다를 오염시켜요. 합성 섬유는 썩지 않아 환경 부담이 크지요. 이렇게 만들어진 옷 한 벌이 지구에는 큰 짐이 돼요.

환경을 생각하는 '그린슈머'

환경을 생각하며 물건을 사거나 서비스를 선택하는 사람을 '녹색'을 뜻하는 그린(Green)과 '소비자'를 뜻하는 컨슈머(Consumer)를 합쳐 '그린슈머'라고 해요. 이들은 리사이클링(재활용)과 업사이클링(새 활용)에 관심이 많아요. 재활용은 쓰던 물건을 다시 쓰는 것이고, 새 활용은 버려진 물건에 디자인을 더해 새로운 제품으로 만드는 거예요. 요즘은 패션 업계에서도 버려진 옷으로 새 옷을 만들거나, 트럭 천막을 가방으로 바꾸는 등 다양한 방식을 활용해요.

재활용 안 되는 옷, 누가 책임질까?

전 세계에서 옷이 재활용되는 비율은 겨우 1퍼센트예요. 하지만 의류 산업은 전체 온실가스의 10퍼센트, 산업 폐수의 20퍼센트를 차지할 만큼 환경에 큰 영향을 줘요. 그래서 프랑스는 제품을 만든 기업이 재활용까지 책임지는 '생산자 책임 재활용 제도(EPR)'를 만들었어요. 이에 따라 처음부터 재활용 가능한 옷을 만들거나, 그렇지 않으면 수거와 재활용 비용을 부담해야 해요. 우리나라에도 EPR 제도가 있지만, 의류 산업은 빠져 있어 논란이 되고 있어요.

더 생각해 보기

아프리카 가나에 '헌 옷' 쓰레기 산이 생겼다고?

가나 수도 아크라에 있는 칸타만토 시장은 세계에서 가장 큰 중고 의류 시장이에요. 가나는 오래전부터 헌 옷을 수입하거나 기부받아 왔어요. 그런데 패스트 패션이 늘면서 질 낮은 옷이 쌓이기 시작했지요. 팔 수 없는 옷들은 쓰레기 더미가 되어 해변을 뒤덮었고, 옷을 태운 재는 바다와 강을 오염시켰어요. 지금도 이곳에는 매주 1천 5백만 벌 넘는 헌 옷이 들어오고, 그중 40퍼센트가 재활용되지 못한 채 버려지고 있어요.

1 기사 내용과 같으면 ○, 다르면 × 표시를 하세요.

(1) 컨셔스 패션은 환경을 생각하며 옷을 만들고 소비하는 방식이다.　　　(　　　)

(2) 비건 가죽은 파인애플, 선인장, 버섯 같은 식물로 만든 가죽이다.　　　(　　　)

(3) 옷을 태우거나 땅에 묻는 과정에서 온실가스가 발생한다.　　　(　　　)

(4) 환경을 지키기 위해서는 새 옷을 많이 사서 자주 갈아입는 게 좋다.　　　(　　　)

2 밑줄 친 곳에 들어갈 알맞은 어휘를 **보기** 에서 골라 적으세요.

> **보기**　　사체, 의식, 온실가스, 애용

(1) 산에 올라간 사람들이 동물의 (　　　　　)를 발견하고 신고했다.

(2) 자동차에서 나오는 (　　　　　)를 줄이기 위한 대책이 필요하다.

(3) 이 물병은 가볍고 튼튼해서 내가 자주 (　　　　)한다.

(4) 잠이 덜 깨서 신발을 거꾸로 신은 것도 (　　　　)하지 못했다.

3 괄호 안에 알맞은 낱말을 넣어, 기사를 완성해 보세요.

내가 뽑은 제목:

_____

> 패션에 관심 많은 개암이는 '(　　　　　) 가죽' 제품에 관심을 가졌어요. 동물 가죽
> 대신 식물로 만든 가죽과 재활용 가방을 선택했지요. 이런 제품을 '(　　　　) 패
> 션'이라고 해요. 옷을 만들고 버리는 과정에서 물이 많이 들고 (　　　　)가 배출
> 되기 때문에 (　　　　)을 생각한 소비가 중요해졌지요.

지속 가능한 소비, 컨셔스 패션으로 가능할까?

지속 가능한 소비란 나만을 위한 소비가 아니라, 이웃과 미래 세대까지 생각하며 물건을 사는 것을 말해요. 이를 실천하려면 꼭 필요한 물건만 사고, 절약하고 재활용하는 습관이 중요해요. 업사이클링 제품을 구입하거나, 컨셔스 패션을 즐기고, 녹색 소비를 하는 사람들은 모두 지속 가능한 소비자예요. 여러분은 컨셔스 패션을 어떻게 생각하나요?

A 컨셔스 패션으로 지속 가능한 소비문화를 만들 수 있다고 생각해요. 패스트 패션과 달리, 컨셔스 패션은 오래 입을 수 있는 좋은 소재를 사용하니까요. 업사이클링 패션도 환경 오염을 줄이는 데 큰 도움이 돼요.

B 컨셔스 패션은 대부분 가격이 비싸서, 형편이 어려운 사람에게는 부담이 돼요. 아무리 환경을 생각해도 가격 때문에 쉽게 살 수 없을 거예요. 컨셔스 패션만으로는 지속 가능한 소비문화를 만들기 어렵다고 생각해요.

C 품질이 좋으면 오래 쓸 수 있어서 꼭 비싸다고만 할 수는 없어요. 좀 비싸더라도 만족하는 사람이 많아지면, 컨셔스 패션도 지속 가능한 소비문화로 이어질 수 있어요.

D 컨셔스 패션에 관심을 갖는 것만으로도 환경을 지키는 일이에요. 하지만 새 옷을 사는 것보다 가지고 있는 옷을 오래 입는 것이 더 중요한 실천이라고 생각해요.

내 생각 정리하기

_____

_____

_____

조선의 대표적인 한글 소설, 《홍길동전》

　길동이 자라 여덟 살이 되자 총명함이 보통을 넘어서, 하나를 들으면 백 가지를 알 정도였다. 아버지 홍 판서는 그런 길동을 더욱 귀여워했지만, 출생이 천하다는 이유로 길동이 아버지니 형이니 하고 부르면 즉시 꾸짖어 그렇게 부르지 못하게 했다.

　그리하여 길동은 열 살이 넘도록 감히 아버지와 형을 부르지 못하고, 종들에게까지 천대받는 것을 뼈에 사무치게 한탄하면서 마음 둘 바를 몰랐다.

　"대장부가 세상에 나서 **공맹**을 본받지 못할 바에야, 차라리 **병법**을 익혀 큰 칼을 허리에 차고 **동정서벌**하여 나라에 큰 공을 세우고 이름을 대대손손 빛내는 것이 장부의 통쾌한 일이 아니겠는가. 그런데 나는 어찌하여 내 한 몸 **적막**하고, 아버지와 형이 있는데도 아버지를 아버지라 부르지 못하고 형을 형이라 부르지 못하니 심장이 터질 듯하구나. 이 어찌 **통탄**할 일이 아니겠는가!"

어휘

공맹(孔孟) 공자와 맹자를 아울러 이르는 말.
병법(兵法) 전쟁할 때 군대를 지휘하는 방법.
동정서벌(東征西伐) 사방으로 여러 나라를 쳐들어감.

적막(寂寞) 아무도 없어 외롭고 쓸쓸함.
통탄(痛歎) 너무 슬프고 안타까워 한숨지음.

중심 내용 요약하기

신분을 뛰어넘은 영웅 이야기

홍길동은 양반 아버지와 노비 어머니 사이에서 태어나, 어릴 때부터 차별받으며 자라요. 당시 조선은 신분을 철저히 구분하는 사회였거든요. 길동은 뛰어난 도술과 명석한 머리를 가졌지만, 신분 때문에 가족에게 인정받지 못하자 집을 떠나요. 이후 그는 도적 무리인 '활빈당'의 우두머리가 되어, 부패한 관리와 부자들을 혼내고 재물을 빼앗아 가난한 백성에게 나눠 줘요. 그렇게 홍길동은 백성들이 사랑하는 영웅이 돼요.

《홍길동전》이 최초의 한글 소설이 아니라고?

《홍길동전》보다 약 100년 먼저 나온 《설공찬전》이 사실상 가장 오래된 한글 소설이에요. 조선 전기인 1511년에 문신 채수가 쓴 작품으로, 저승에서 온 귀신 설공찬이 사람 몸에 들어가 벌어지는 이야기예요. 이승과 저승을 넘나드는 판타지지만, 조선 사회의 정치와 유교 이념을 비판하는 내용도 담겨 있어요. 그래서 당시에는 《설공찬전》이 사람들을 미혹시키는 책이라며 불태우거나 지은이를 벌하기도 했어요. 1996년 한글 필사본이 발견되면서 최초의 한글 소설로 인정받았어요.

소설 속 주인공 설정 방법

소설의 주인공은 구체적으로 설정할수록 좋아요. 이름, 성별, 나이뿐 아니라 성격, 외모, 행동, 말투, 가치관 등도 정해 줘요. 그중에서도 가장 중요한 건 주인공이 원하는 '목표'예요. 주인공이 무엇을 바라는지 분명해야 이야기가 자연스럽게 흘러가거든요. 상처나 비밀처럼 독자가 공감할 수 있는 요소가 있으면 이야기가 더 깊어질 거예요.

차별 없는 세상을 꿈꾼 소설가, 허균(1569년~1618년)

조선 중기의 정치가이자 소설가예요. 학문이 뛰어난 사람이 많기로 이름난 집안에서 태어났고, 조선 여성 문학가 허난설헌의 동생이기도 해요. 어릴 때부터 글을 좋아하고 호기심이 많았던 그는 어른이 되어서도 소외된 사람들에게 관심이 많았어요. 당시 금지되던 불교와 도교를 공부하고, 천민 차별을 비판했지요. 《홍길동전》에는 그런 허균의 생각과 세상을 바꾸고 싶었던 마음이 담겨 있어요.

1 《홍길동전》 대한 설명이 옳으면 ○, 다르면 × 표시를 하세요.

(1) 홍길동은 양반 아버지와 양반 어머니 사이에서 태어났다.   (   )

(2) 홍길동은 활빈당의 우두머리가 되어 가난한 백성들을 도왔다.   (   )

(3) 《홍길동전》은 조선 후기 소설가 허난설헌이 썼다.   (   )

2 밑줄 친 곳에 들어갈 알맞은 어휘를 **보기** 에서 골라 적으세요.

> **보기**   공맹, 병법, 적막, 통탄

(1) 깊은 밤, (   )이 흐르는 집에서 혼자 외롭게 있었다.

(2) (   )을 익힌 장수는 적의 허점을 파악해 전쟁에서 승리했다.

(3) 비극적인 사실을 듣고 모두가 (   )을 금치 못했다.

(4) 유교 사상의 핵심은 (   )의 가르침에서 비롯되었다.

내가 소설을 쓴다면, 어떤 주인공을 만들고 싶나요? 나만의 소설 속 주인공을 만들어 보세요.

_____

_____

_____

_____

8주차

#주7일배송
#애그테크
#소금배터리
#난민문제
#재생에너지
#판소리

빨라야 산다!
주말 없는 택배 전쟁

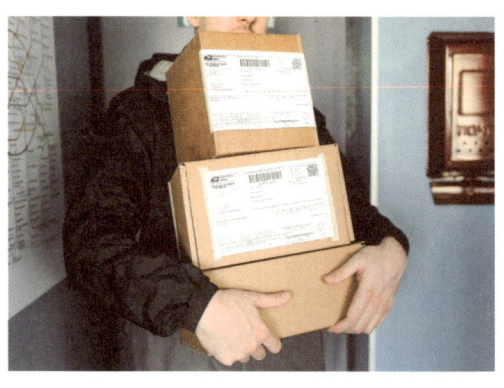

요즘 유통업계에서 '주 7일 배송'이 뜨거운 **화두**로 떠올라요. 예전에는 주말이나 공휴일에 택배를 받을 수 없었지만, 이제는 365일 언제든 배송이 가능해요.

이 커머스 플랫폼과 물류 기업들은 더 빠른 배송을 위해 경쟁해요. 주문한 물건을 얼마나 빨리 받느냐에 따라 소비자 선택이 달라지기 때문이에요.

빠른 배송을 가장 먼저 시작한 곳은 쿠팡이에요. 2014년 '로켓 배송'으로 당일 또는 **익일** 배송을 선보였어요. 2015년에는 마켓컬리가 밤 10시까지 주문하면 익일 새벽에 도착하는 '샛별 배송'을 시작했고요. 두 기업 모두 빠른 배송 덕분에 매출이 크게 **증대**했어요. 특히 쿠팡은 2024년 연 매출 40조 원을 넘기며 대형 유통사들을 앞질렀어요.

빠른 배송이 성공의 열쇠로 떠오르자, 다른 유통 기업들도 **총력전**을 펼치고 있어요. 물건을 보관하고 배달까지 직접 하는 자체 물류망이 없는 회사들은 택배업계와 협약해 주 7일 배송을 시작했지요. '휴일 도착' '오늘 출발' '직진 배송' 같은 이름의 서비스도 등장했어요.

하지만 업계 관계자는 "배송 서비스를 강화하면 고객은 늘 수 있지만, 자체 물류망이 없으면 비용 부담이 커져 **출혈 경쟁**이 될 수 있다"고 말했어요.

알쏭달쏭 어휘 사전

· **화두**(話頭) 사람들의 관심이 집중되는 중요한 이야기.
· **익일**(翌日) 바로 그다음 날.
· **증대**(增大) 양이 많아지거나 규모가 커짐.

· **총력전**(總力戰) 모든 힘을 다 쏟아붓는 경쟁.
· **출혈 경쟁**(出血競爭) 손해를 무릅쓰고 하는 경쟁.

빠른 배송 뒤에 숨은 택배 노동자의 눈물

주 7일 배송이 시작되며 택배 노동자의 과로 문제가 다시 주목받고 있어요. 2020년에는 코로나19로 물량이 늘면서 택배 노동자 16명이 숨졌어요. 하루 15시간 넘게 일하다 건강에 문제가 생긴 거예요. 정부는 노동 시간을 제한하고 심야 배송을 금지하는 '과로사 방지 대책'을 마련했어요. 또 8월 14일을 '택배 없는 날'로 정했지요. 하지만 법적 강제력이 없어 잘 지켜지지 않아요. 인권 단체는 택배 노동자의 '쉴 권리'를 법으로 보장해야 한다고 말해요.

노동법에 보호받지 못하는 플랫폼 노동자

플랫폼 노동자는 앱으로 일감을 받아 일하는 사람이에요. 배달, 대리운전, 가사 도우미 등이 여기에 포함돼요. 원하는 시간에 일할 수 있지만, 회사에 고용된 정식 노동자가 아니라서 다치거나 실직해도 산재나 고용 보험 처리를 받기 어려워요. 스페인은 배달앱 노동자를 '노동자'로 인정하고, 프랑스는 노동조합 가입과 실업 급여를 보장해요. 하지만 우리나라는 2020년 기준 택배 노동자 5만 명 가운데 산재 보험에 가입한 사람이 7천 명뿐이에요. 최근 우리나라에서도 플랫폼 노동자를 위한 제도를 마련하자는 목소리가 커지고 있어요.

하늘에서 택배가? 드론 배송 시대

우리나라도 드론으로 택배를 보낼 수 있게 되었어요. 국토교통부가 드론 배송을 지원하면서 여러 지자체가 시범 사업을 준비 중이에요. 대전시는 혈액 응급 배송, 서산시는 의약품, 영주시는 도서 대여와 반납을 드론으로 할 예정이에요. 다만 장애물이나 소음, 비행 금지 구역처럼 아직 해결해야 할 문제가 많아 실제 사용까지는 시간이 걸릴 거예요.

더 생각해 보기

AI 로봇이 일하는 아마존 물류 센터

세계 최대 온라인 쇼핑몰 아마존은 AI 로봇 '벌컨'을 공개했어요. 카메라와 두 팔이 달린 벌컨은 물건을 꺼내고 넣을 수 있어요. 팔에는 촉각 센서가 있어 다양한 물건을 반복해서 다루며 스스로 촉감을 익혀요. 그래서 깨지기 쉬운 유리병도 조심스럽게 다루지요. 현재 아마존 물류 센터에는 75만 대 이상의 로봇이 있어요. 일자리가 줄어든다는 우려도 있지만, 아마존은 로봇을 관리하는 새로운 일자리도 늘고 있다고 밝혔어요.

1 기사 내용과 같으면 ○, 다르면 × 표시를 하세요.

(1) '주 7일 배송'은 평일에만 택배를 받을 수 있는 서비스다.　　　　　(　　　　)

(2) 빠른 배송은 매출을 증대하는 데 핵심 역할을 한다.　　　　　　　(　　　　)

(3) 배송 속도는 기업의 매출과는 큰 관련이 없다.　　　　　　　　　(　　　　)

(4) 자체 물류망이 없는 기업이 배송을 강화하면 출혈 경쟁이 될 수 있다.　(　　　　)

2 밑줄 친 곳에 들어갈 알맞은 어휘를 **보기** 에서 골라 적으세요.

> **보기**　화두, 익일, 증대, 총력전

(1) 오늘 밤에 주문하면 (　　　　　　)에 택배가 도착한다.

(2) 이어달리기에서 1등을 하려고 (　　　　　　)을 벌였다.

(3) 새 학기 우리 반 친구들의 (　　　　　　)는 반장 선거다.

(4) 공부를 하다 보면 호기심이 (　　　　　　)해 책을 더 찾아 읽는다.

3 괄호 안에 알맞은 낱말을 넣어, 기사를 완성해 보세요.

내가 뽑은 제목:

_____

> 요즘 유통업계의 화두는 '(　　　　　　)'이에요. 쿠팡과 마켓컬리가 익일 배송 서비스를 시작해 매출이 늘자, 다른 유통 기업들도 (　　　　　　)을 펼치고 있어요. 자체 (　　　　　　)이 없는 회사들도 택배업계와 협약해 주 7일 배송을 시작했지요. 하지만 이는 무리한 (　　　　　　) 경쟁이 될 수 있다는 우려도 있어요.

택배 파업, 정당한 권리일까?

2021년, 전국택배노동조합이 파업을 했어요. 택배 산업은 성장했지만, 택배 기사들의 처우는 나아지지 않았기 때문이에요. 과도한 업무와 교통사고로 건강을 해치거나 목숨을 잃는 일도 있었지요. 파업이 길어지자 "소비자에게 피해를 준다"는 비판과, "처우를 바꾸려면 어쩔 수 없다"는 반박이 나왔어요. 여러분의 생각은 어떤가요?

A 파업은 노동자가 자신의 권리를 지키는 방법 중 하나예요. 택배 기사들이 더 안전한 환경에서 일할 수 있도록 제도를 개선하려는 파업이라면 저는 찬성해요.

B 택배 파업으로 가장 피해를 보는 사람은 자영업자와 소비자예요. 특히 자영업자는 중요한 물건이 제때 오지 않으면 매출에 손해를 봐요. 노동자의 권리도 중요하지만, 많은 사람이 불편을 겪는다면 다른 방법도 생각해 봐야 해요.

C 파업보다 먼저 노동자와 회사가 소통하려는 노력이 중요해요. 그래서 이런 대화의 자리를 법이나 제도로 마련해 두는 것이 필요하다고 생각해요.

D 택배가 멈췄을 때 우리는 그동안 당연하게 여겼던 서비스가 얼마나 소중한지 느낄 수 있었어요. 파업은 노동자의 어려움을 알리는 중요한 수단이에요. 사회가 관심을 가지면 처우도 나아지고, 결국 더 좋은 서비스로 이어질 거예요.

내 생각 정리하기

허수아비 가고, 애그테크 온다!

기후 위기와 초고령화로 한국 농업이 위기에 처하자, 농업(Agriculture)과 기술(Technology)을 결합한 '애그테크(Agtech)'가 새로운 **돌파구**로 떠올랐어요. 정부는 식량 자급률이 낮은 현실을 **감안**해, 쌀과 채소 같은 식량을 안정적으로 확보하고자 애그테크 도입에 나섰지요.

애그테크는 AI, 사물 인터넷, 빅 데이터 같은 첨단 기술을 농업에 **접목**해 생산성과 품질을 높이는 방법이에요. 예를 들어 센서, 스피커, 레이더로 유해 동물을 **퇴치**하는 '디지털 허수아비', 약을 뿌리고 작물 상태를 살피는 '농업용 드론'도 애그테크의 한 부분이에요.

애그테크는 장점이 많아 세계적으로 주목받아요. 세계 시장 규모는 2022년 약 161억 달러(한화 약 23조 3천억 원)에서 2025년에는 약 220억 달러(한화 약 30조 5천억 원) 늘어날 전망이에요. 매년 약 10퍼센트씩 빠르게 성장하고 있지요.

하지만 우리나라의 애그테크 경쟁력은 아직 뒤처져 있어요. 유럽보다 기술 수준이 낮고, 도입 속도도 3~4년 늦지요. 정부는 이를 극복하기 위해 관련 기술 개발에 힘쓰고 있어요. 농촌진흥청은 위성으로 작물 재배 상황을 정밀하게 관측하고, AI로 좋은 품종을 고르는 '디지털 육종' 기술을 개발 중이에요. **아울러** 씨를 뿌리거나 수확을 돕는 농업용 로봇 실험도 적극 지원하지요.

알쏭달쏭 어휘 사전

· **돌파구**(突破口) 어려운 상황을 해결할 실마리나 시작점.
· **감안**(勘案) 여러 사정을 함께 생각함.
· **접목**(接木) 서로 다른 것을 잘 어울리게 섞음.

· **퇴치**(退治) 나쁜 것을 없애거나 몰아냄.
· **아울러** 동시에 함께.

식량 자급률과 식량 안보가 뭘까?

식량 자급률은 한 나라가 자국민이 먹을 식량을 스스로 얼마나 생산하는지를 나타내는 수치예요. 우리나라는 식량 자급률이 50퍼센트도 안 돼요. 부족한 식량은 주로 수입에 의존하죠. 그런데 기후 변화나 전쟁, 재난 같은 문제가 생기면 농작물 생산이 줄고 수입이 어려워져 먹을 것이 부족해질 수 있어요. 그래서 세계 여러 나라는 국민이 먹을 식량을 안정적으로 확보하려고 해요. 이런 노력을 식량 안보라고 해요.

애그테크는 어떤 장단점이 있을까?

애그테크는 농업에 기술을 접목한 거예요. 농작물 관리와 수확을 자동화해 적은 인력으로도 농사를 지을 수 있어요. 인구가 줄어든 농촌의 노동력 부족 문제를 해결할 대안이지요. 또 AI와 빅 데이터로 작물 상태를 실시간으로 확인하고, 기후 변화에도 빠르게 대응해요. 필요한 만큼만 자원을 써서 낭비를 줄이고, 생산량은 늘릴 수 있지요. 식량 위기를 해결하는 데도 큰 도움이 돼요. 하지만 단점도 있어요. 기계를 설치하고 관리하는 비용이 많이 들어 농가에 부담이 될 수 있어요. 장비를 사용하는 데 많은 에너지가 들고, 버려지는 기계가 늘어나면 환경 문제도 생기지요.

안보는 왜 중요할까?

국가 안보는 나라와 국민을 위험에서 지키는 일을 말해요. 안보에는 여러 가지가 있어요. 식량이 부족하지 않게 대비하는 '식량 안보', 국가 재정과 무역을 보호하는 '경제 안보', 질병에 대비하는 '의료 안보', 전기나 연료를 안정적으로 공급하는 '에너지 안보', 해킹을 막는 '사이버 안보' 등이지요. 이처럼 여러 분야의 안보가 튼튼해야 국민이 안심하고 살아갈 수 있어요.

더 생각해 보기

나라별로 다른 농사 방식

나라마다 농사를 짓는 방법은 달라요. 우리나라는 땅이 좁고 계절이 뚜렷해 비닐하우스와 스마트 팜 같은 시설 농업이 발달했어요. 반면, 미국과 호주처럼 땅이 넓은 나라는 기계를 활용한 대규모 농업을 해요. 기후와 환경도 농업에 큰 영향을 줘요. 네덜란드는 땅이 좁지만, 첨단 온실과 수경 재배 기술로 세계적인 농산물 수출국이 되었어요. 아프리카 일부 지역은 가뭄이 심해 농사가 쉽지 않지요. 이렇게 농업은 각 나라의 환경과 조건에 맞게 발달해 왔어요.

1 기사 내용과 같으면 ○, 다르면 × 표시를 하세요.

(1) 애그테크는 농업에 첨단 기술을 접목한 것이다. ( )

(2) 한국은 애그테크 기술 수준이 유럽보다 높다. ( )

(3) 디지털 허수아비는 유해 동물을 쫓아내 농작물을 보호하는 기계이다. ( )

(4) 애그테크의 세계 시장 규모는 해마다 줄고 있다. ( )

2 밑줄 친 곳에 들어갈 알맞은 어휘를 보기 에서 골라 적으세요.

> 보기   돌파구, 감안, 접목, 퇴치

(1) 해충을 ( )하기 위해 약을 뿌렸다.

(2) 날씨와 거리를 ( )해서 소풍 장소를 바꿨다.

(3) 과학과 예술을 ( )해 재미있는 발명품을 만들었다.

(4) 새로운 아이디어 덕분에 막혔던 문제에 ( )가 생겼다.

3 괄호 안에 알맞은 낱말을 넣어, 기사를 완성해 보세요.

내가 뽑은 제목:

_____

( )와 초고령화로 어려움을 겪는 한국 농업에 '( )'가 새로운 돌파구로 떠올랐어요. 애그테크는 농업에 AI, 빅데이터 등의 첨단 기술을 접목한 것으로, 디지털 ( )나 농업용 ( ) 등이 대표적이에요. 기술 경쟁력이 낮은 우리나라는 위성 관측, 디지털 육종, 로봇 실험 등을 통해 애그테크를 발전시키고 있어요.

농지, 자유롭게 거래해도 될까?

우리나라에는 농사짓는 땅을 투기에 쓰지 못하도록 하는 제도가 있어요. 식량 자급률이 더 떨어지지 않게 하려는 목적이지요. 그런데 최근 '지역 균형 발전'을 이유로, 농지를 자유롭게 사고팔수 있게 하자는 논의가 이어지고 있어요. 여러분의 생각은 어떤가요?

A 식량 안보도 중요하지만, 지금 농촌은 농사를 지어도 제대로 보상받지 못해 너무 힘들어요. 농부의 희생만으로 식량 안보를 지키는 건 옳지 않아요. 돈을 벌 수 없다면, 농지 규제를 완화해 수익을 낼 기회를 줘야 해요.

B 농지 규제를 풀면 부동산 투기나 무분별한 개발 같은 문제가 생길 수 있어요. 한번 개발된 땅은 다시 농지로 되돌리기 어렵다는 점도 꼭 기억해야 해요.

C 프랑스는 '농지은행' 제도로 농지를 사고팔 때 국가가 먼저 개입해요. 농사를 짓는 사람이 우선 살 수 있게 도와주는 거예요. 우리나라도 농업 수익이 낮다면, 국가가 이를 보전해 주는 방안을 마련해야 해요. 농지가 사라지면 식량 자급률은 더 떨어질 거예요.

D 많은 사람이 식량 안보의 중요성을 잘 몰라요. 정부가 교육도 하고, 농촌에 애그테크 기술을 지원해 주면 좋겠어요. 지금부터라도 장기적인 대책을 세워야 해요.

내 생각 정리하기

리튬 대신 소듐, 소금 배터리 주목받다!

태블릿이나 스마트폰을 오래 쓰면 기기가 뜨거워질 때가 있어요. 심하면 폭발이나 화재로 이어지기도 하지요.

이런 전자 기기에는 보통 리튬 배터리가 들어가요. 리튬 배터리는 크기에 비해 저장할 수 있는 에너지가 많아 스마트폰, 노트북, 전기 차 등에 쓰여요. 하지만 열에 민감해 온도가 높거나 충전·**방전** 시간이 길어지면 폭발 위험이 커요.

최근에는 리튬 대신 소듐(나트륨)을 쓰는 '소금 배터리'가 전 세계의 **이목**을 끌고 있어요. 소금 배터리는 폭발 위험이 적고 충격에도 강해요. 중국 기업이 개발한 소금 배터리는 전기톱이나 드릴로도 망가지지 않아 화제가 되었지요.

게다가 소금 배터리는 값이 싸고 환경에도 이로워요. 리튬은 광산에서 **채굴**해야 하고 생산과 **폐기** 과정에서 유해 물질이 생기지만, 소듐은 바닷물에서 얻을 수 있고 해로운 물질도 거의 나오지 않아요. 다만 에너지 밀도가 낮아 한 번에 많은 에너지를 저장할 수 없고, 충전 속도도 느린 편이에요.

그래도 여러 나라가 소금 배터리 연구에 힘쓰고 있어요. 이 배터리가 널리 쓰이면 에너지 저장 기술의 **판도**가 달라질지도 몰라요. 이처럼 더 안전하고 값싸며 환경에 좋은 기술을 '대체 기술'이라고 해요. 리튬 대신 소금, 석탄 대신 태양열, 휘발유 대신 전기 차처럼 말이에요.

알쏭달쏭 어휘 사전

· **방전**(放電) 전지나 기기에서 전기가 밖으로 흘러나오는 현상.
· **이목**(耳目) 사람들의 관심이나 주목.
· **채굴**(採掘) 땅을 파서 광물이나 자원을 캐냄.
· **폐기**(廢棄) 못 쓰게 된 것을 버림.
· **판도**(版圖) 어떤 세력이 미치는 범위나 영역.

전지는 무엇일까?

배터리를 우리말로 '전지'라고 해요. 우리가 주로 쓰는 전지는 화학 반응으로 전기를 만드는 화학 전지예요. 전지는 1차 전지와 2차 전지로 나뉘어요. 1차 전지는 한 번 쓰고 버리는 전지로, 리모컨이나 시계에 쓰이는 알카라인 건전지가 대표적이에요. 2차 전지는 충전해서 여러 번 쓸 수 있는 전지로, 스마트폰, 태블릿, 전기 차에 들어가는 리튬 전지나 니켈-수소 전지가 있어요. 1990년대에 나온 리튬 배터리 덕분에 우리는 휴대용 전자 기기를 편리하게 쓸 수 있어요.

전압의 단위 '볼트', 사람 이름에서 나왔다고?

전지를 설명할 때 자주 나오는 전압 단위 '볼트(V)'는 과학자 이름에서 따왔어요. 18세기 이탈리아 물리학자 알레산드로 볼타는 세계 최초로 전지를 만든 사람이에요. 그래서 그의 이름을 따 전압 단위를 '볼트'라고 부르게 되었지요. 전류의 단위 '암페어(A)'는 프랑스 과학자 앙드레 마리 암페르, 저항의 단위 '옴(Ω)'은 독일 과학자 게오르그 옴에서 유래했어요. 이처럼 과학 단위에는 위대한 과학자들의 이름이 숨어 있는 경우가 많아요.

'자원 전쟁'의 중심에 선 배터리

전기 차와 스마트폰처럼 충전이 필요한 기기가 늘면서, 리튬, 코발트, 니켈, 희토류 같은 배터리 자원의 수요도 커졌어요. 그런데 이런 자원은 칠레, 콩고민주공화국, 인도네시아, 중국 등 몇몇 나라에 몰려 있어요. 자원을 가진 나라가 이를 무기처럼 이용하면 다른 나라가 큰 피해를 입을 수 있지요. 이를 '자원의 무기화'라고 해요. 실제로 2010년, 중국이 희토류 수출을 줄이자 일본 전자 산업이 휘청했어요. 그래서 요즘은 쉽게 구할 수 있는 나트륨으로 만든 소듐 배터리가 주목받아요. 자원이 부족한 나라에서도 안정적으로 만들 수 있기 때문이에요.

다 쓴 배터리는 어디로 갈까?

다 쓴 배터리는 일반 쓰레기통에 버리지 말고 폐건전지 수거함에 따로 버려야 해요. 특히 리튬 전지는 일반 쓰레기와 섞이면 화재나 폭발 위험이 있어요. 전기차 배터리는 다 써도 어느 정도 전기가 남아 있어 비상 전원이나 에너지 저장 장치로 다시 쓸 수 있어요. 또 배터리에서 리튬, 코발트, 니켈 같은 금속을 다시 분리해 새 배터리를 만들 수 있어요. 이렇게 폐배터리나 전자 제품에서 금속을 다시 얻는 걸 '도시 광산'이라고 해요.

1 기사 내용과 같으면 ○, 다르면 × 표시를 하세요.

(1) 우리가 주로 쓰는 전자 기기에는 소듐 배터리가 들어 있다. ( )

(2) 리튬은 열에 약해 충전이나 방전 시간이 길면 폭발 위험이 크다. ( )

(3) 소듐 배터리는 리튬 배터리보다 충전 속도가 빠르다. ( )

(4) 소듐 배터리는 환경 오염 위험이 낮다. ( )

2 밑줄 친 곳에 들어갈 알맞은 어휘를 **보기** 에서 골라 적으세요.

보기 이목, 채굴, 폐기, 판도

(1) 그 브랜드는 해외까지 진출하며 ( )를 바꾸었다.

(2) 유통 기한이 한참 지난 식품은 반드시 ( )해야 한다.

(3) 최근에는 깊은 바다에서 광물 자원을 ( )하기도 한다.

(4) 그는 다른 사람의 ( )을 피하려고 고개를 숙였다.

3 괄호 안에 알맞은 낱말을 넣어, 기사를 완성해 보세요.

내가 뽑은 제목:

_____

전자 기기에 쓰이는 ( ) 배터리는 에너지 효율이 높지만, 열에 약해 폭발 위험이 커요. 최근에는 리튬 대신 ( )을 쓰는 '( ) 배터리'가 이목을 끌어요. 값이 싸고, 채굴이나 폐기 과정에서도 환경에 해가 적어요. 에너지 밀도가 낮고 ( ) 속도가 느리다는 단점이 있지만, 여러 나라가 소금 배터리 연구에 힘쓰고 있어요.

대체 기술, 불편해도 환경을 위해 선택해야 할까?

전 세계가 리튬 배터리 대신 소듐 배터리, 휘발유 대신 전기 차처럼 '대체 기술' 개발에 힘쓰고 있어요. 대체 기술은 온실가스를 줄이고 환경을 보호할 수 있다는 점에서 꼭 필요해 보이지만, 성능이 낮거나 아직 불편한 점도 있어요. 이에 대해 여러분은 어떻게 생각하나요?

A 조금 불편하더라도 환경을 먼저 생각해야 해요. 지금처럼 온실가스를 계속 내보내면 지구가 더워지고, 기후 위기가 더 심각해질 거예요. 대체 기술이 불편하다고 쓰지 않으면, 나중엔 우리가 더 큰 불편을 겪을지도 몰라요.

B 환경도 중요하지만, 아직은 대체 기술이 너무 불편해요. 소금 배터리는 충전 속도가 느리고 저장 용량도 작아서 스마트폰이나 전기 차에 쓰기 어려워요. 너무 불편하면 사람들이 사용하지 않게 되고, 기술 발전도 늦어질 수 있어요. 좀 더 연구한 뒤 상용화해도 늦지 않아요.

C 새로운 기술은 처음엔 다 불편해요. 하지만 많은 사람이 써야 더 빠르게 발전할 수 있어요. 사용하면서 불편한 점을 발견해야, 과학자들도 연구를 거듭하며 기술을 발전시켜 나갈 수 있지 않을까요?

D 불편한 기술을 억지로 쓰면 오히려 환경 보호에 반감이 생길 수 있어요. 대체 기술을 무조건 쓰기보다, 지금 쓰는 기술을 더 친환경적으로 바꾸는 방법도 함께 찾아야 해요.

내 생각 정리하기

테러·이민 논란 속, 유럽을 흔드는 극우 물결

이스라엘-팔레스타인 전쟁과 러시아-우크라이나 전쟁이 **장기화**되면서, 그 **여파**가 유럽 전역으로 퍼지고 있어요. 전쟁을 피해 유럽으로 향하는 난민이 크게 늘었기 때문이에요. 유엔은 2023년 한 해 동안 유럽에 유입된 난민이 수십만 명에 이르렀다고 발표했어요.

난민들은 박해와 폭력을 피해 **망명**을 신청하지만, 절차가 복잡하고 머물 곳도 부족해 많은 사람이 불법 체류자가 되었어요. 이 가운데 프랑스와 벨기에에서 불법 체류 이민자가 일으킨 테러가 잇따르면서, 유럽 각국의 불안감도 커졌지요.

이후 난민 수용에 반대하는 여론이 **고조**되고, 극우 정당은 반(反)이민 정책을 내세워 지지를 얻기 시작했어요. 독일은 난민 지원을 줄였고, 폴란드와 네덜란드에서는 시민들이 '난민 자경단'을 조직해 국경 **검문**에 나서기도 했어요.

유럽연합은 망명 규정을 강화해 2025년 상반기 망명 신청이 지난해보다 23퍼센트 줄었다고 밝혔어요. 현재도 불법 체류 이민자에 대한 강제 추방이 이어지고 있고, 유럽 밖에 임시 수용 센터를 세우는 방안도 추진 중이에요. 하지만 이런 시설은 환경이 열악하고, 법적 보호도 부족해 인권 침해 우려도 나와요. 유럽은 지금, 난민 문제를 두고 중요한 기로에 서 있어요.

알쏭달쏭 어휘 사전

· **장기화**(長期化) 어떤 일이 오래 지속됨.
· **여파**(餘波) 어떤 일이 끝난 뒤에도 남아 미치는 영향.
· **망명**(亡命) 정치적인 이유로 자기 나라에서 박해를 피해 다른 나라로 옮겨 가는 일.

· **고조**(高潮) 감정이나 분위기가 아주 높아짐.
· **검문**(檢問) 사람이나 차를 검사하며 확인함.

난민은 어떤 사람들일까?

난민은 전쟁, 재난, 가난 등으로 살던 곳을 떠나야 하는 사람들이에요. 인종, 종교, 정치적인 괴롭힘을 피해 떠나는 경우도 있어요. 요즘은 기후 변화로 고향을 떠나는 '기후 난민'도 늘고 있지요. 유엔난민기구에 따르면, 2023년 한 해에만 1억 명이 넘는 사람이 집을 떠났고, 그중 약 3천만 명만 난민으로 인정받았어요. 대부분은 시리아, 아프가니스탄, 베네수엘라, 미얀마 등지에서 왔고, 난민 중 약 40퍼센트는 18세 이하 어린이였어요.

난민 수용은 나라에 어떤 영향을 끼칠까?

어떤 사람들은 난민이 늘어나면 일자리나 복지 부담이 커질까 봐 걱정해요. 실제로 의료나 공공 서비스 지출이 잠시 늘 수 있어요. 하지만 난민을 받아들여 경제가 성장한 나라도 있어요. 콜롬비아와 칠레는 베네수엘라에서 온 많은 난민을 수용했어요. 세계은행은 "난민들이 노동력을 보탠 덕분에 두 나라의 경제가 더 활발해질 것"이라고 분석했어요. 특히 콜롬비아에서는 난민들이 버스 기사처럼 지역에 꼭 필요한 일자리를 채우면서, 경제가 다시 활기를 띠기 시작했어요.

'극우 물결'이란 무엇일까?

정치적인 생각이나 입장에 따라 '좌파'와 '우파'로 나누기도 해요. 보통 좌파는 평등과 복지를, 우파는 자유와 경제 성장을 중요하게 여겨요. 이 중에서도 자기 나라의 이익만 지나치게 강조하고, 외국인이나 다른 문화를 강하게 배척하는 입장도 있어요. 이를 '극우'라고 해요. 최근 프랑스의 극우 정치인은 난민 수용을 반대하며 유럽연합 탈퇴를 주장했어요. 이탈리아에서는 극우 정당이 총선에서 이겨 난민선 입항을 막는 정책을 펼쳤어요. 이처럼 극우 성향이 널리 퍼지는 것을 '극우 물결'이라고 표현해요.

더 생각해 보기

우리나라의 난민 이야기

한국은 2012년 아시아에서 처음으로 난민법을 만들었어요. 2018년에는 예멘, 2021년에는 아프가니스탄에서 난민들이 들어왔어요. 난민 신청은 해마다 늘고 있지만, 인정률은 여전히 낮아요. 2021년 기준, 캐나다의 난민 인정률은 55퍼센트를 넘었지만 한국은 약 3퍼센트에 그쳤어요. 최근 경북 영양군은 인구 문제를 해결하려고 미얀마 난민 수용을 검토했지만, 거주지 마련과 정부 협의가 어려워 중단했어요. 우리 사회가 난민을 어떻게 바라봐야 할지 함께 생각해 볼 문제예요.

1 기사 내용과 같으면 ○, 다르면 × 표시를 하세요.

(1) 전쟁이 길어지면서 유럽으로 향하는 난민이 늘었다. （　　　）

(2) 유럽연합은 망명 규정을 강화해 2025년 상반기 망명 신청이 줄었다. （　　　）

(3) 유럽연합은 불법 체류 이민자를 돕기 위해 국경을 더 열기로 했다. （　　　）

(4) 반이민 여론이 줄어들며 난민 수용이 확대되고 있다. （　　　）

2 밑줄 친 곳에 들어갈 알맞은 어휘를 **보기** 에서 골라 적으세요.

> **보기**　　장기화, 고조, 망명, 여파

(1) 비가 계속 내려 공사가 (　　　　　　)되고 있다.

(2) 큰 태풍의 (　　　　　　)로 학교를 하루 쉬었다.

(3) 그는 나라에서 마음 놓고 살 수 없어 외국으로 (　　　　　　)했다.

(4) 결승전이 가까워지자 응원 열기가 점점 (　　　　　　)되었다.

3 괄호 안에 알맞은 낱말을 넣어, 기사를 완성해 보세요.

내가 뽑은 제목:

_____

이스라엘-(　　　　　) 전쟁과 (　　　　　　)-우크라이나 전쟁이 장기화되면서, 그 여파로 유럽에 유입된 난민이 늘었어요. 하지만 2025년 상반기 망명 신청은 지난 해보다 23퍼센트 줄었지요. 불법 체류 이민자의 테러가 잇따르면서 난민 수용에 반대 하는 (　　　　　)이 고조되었기 때문이에요. 유럽 각국은 (　　　　　) 검문을 강화했어요.

유럽은 계속 난민을 수용해야 할까?

많은 난민이 전쟁과 폭력을 피해 유럽으로 몰려들고 있어요. 그러나 여러 나라에서 난민을 도와야 한다는 의견과 자국의 여건을 우선해야 한다는 생각이 맞서고 있어요. 여러분은 어떻게 생각하나요?

A 난민은 전쟁과 박해를 피해 살아남으려고 도망쳐 나온 사람들이에요. 유럽처럼 이들이 살던 나라보다 부유한 나라들이 나서 도와야 한다고 생각해요. 어려운 사람을 돕는 건 인간으로서 당연한 일이에요.

B 난민이 안쓰럽긴 하지만, 너무 많은 사람이 들어오면 자국민이 피해를 입을 수 있어요. 일자리나 복지 혜택이 줄고, 범죄가 늘어날 수도 있잖아요. 그래서 각 나라가 자국민을 먼저 생각하는 것도 이해돼요.

C 난민이 많아진다고 해서 꼭 문제가 되는 건 아니에요. 그들을 잠재적 범죄자처럼 보는 시선은 옳지 않아요. 나라가 잘 계획하고, 교육과 정착을 도와준다면 난민도 사회의 일원으로 살아갈 수 있어요. 처음에는 힘들어도, 장기적으로는 도움이 될 거예요.

D 도와주는 건 중요하지만 난민이 생기지 않도록 전쟁을 막고, 전쟁 지역에 더 많은 지원을 하는 게 근본적인 해결책이라고 봐요. 전 세계가 힘을 모아 전쟁을 막기 위해 노력해야 해요.

내 생각 정리하기

핀란드,
마지막 석탄 화력 발전소 문 닫다

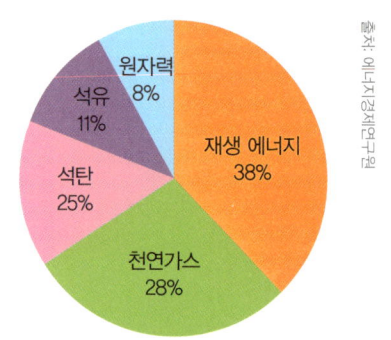

출처: 에너지경제연구원

2024년 세계 에너지 수요 증가율 비중

원자력 8%
석유 11%
재생 에너지 38%
석탄 25%
천연가스 28%

2025년 4월, 핀란드가 수도 헬싱키에 있는 '살미사아리 석탄 화력 발전소'를 공식 **폐쇄**했어요. 북유럽 최대 석탄 소비국이던 핀란드는 이제 탈석탄 **선도국**이 되었지요.

핀란드는 2019년 석탄 사용을 금지하는 법을 만들고, 기업들이 **재생 에너지**를 쓰도록 다양한 정책을 펼쳤어요. 풍력, 수력, 태양광 같은 재생 에너지에 투자한 덕분에 마지막 석탄 화력 발전소도 계획보다 빨리 문을 닫았어요.

이 발전소는 헬싱키의 겨울철 난방을 책임지던 중요한 시설이었어요. 하지만 풍력과 수력 비중이 30퍼센트를 넘어서면서 석탄 의존도가 크게 줄었지요. 지금은 핀란드 전력의 약 25퍼센트를 풍력 발전이 담당해요.

핀란드 환경부 장관은 "2019년 법안을 통과시킨 일은 **선견지명**이었다"며 "**청정에너지**로 바꾼 덕분에 온실가스 배출량이 줄었고, 국민들도 저렴한 가격으로 전기를 쓸 수 있게 됐다"고 말했어요. 에너지 안보를 위해 자국의 재생 에너지를 활용하는 것이 중요하다고도 덧붙였지요.

이처럼 핀란드뿐 아니라 세계 곳곳에서도 재생 에너지 사용이 늘고 있어요. 2024년 세계 에너지 수요 증가율에서 재생 에너지가 차지한 비중은 38퍼센트로 가장 높았어요.

알쏭달쏭 어휘 사전

· **폐쇄**(閉鎖) 기관이나 시설을 닫거나 없앰.
· **선도국**(先導國) 정치나 경제, 문화에서 앞서 다른 나라를 이끄는 나라.
· **재생 에너지**(再生-) 계속 써도 다시 만들어지는 에너지.

· **선견지명**(先見之明) 앞일을 미리 내다보는 지혜.
· **청정에너지**(淸淨-) 환경을 더럽히지 않는 깨끗한 에너지.

에너지 안보란?

에너지 안보는 어떤 상황에서도 국민이 안정적으로 에너지를 쓸 수 있도록, 국가가 에너지를 확보해 두는 걸 말해요. 우리나라는 석탄과 가스 대부분을 수입해 쓰기 때문에, 가격이 오르거나 공급이 끊기면 큰 문제가 생겨요. 그래서 세계 여러 나라는 석탄 대신 풍력, 태양광, 수력 같은 재생 에너지를 확대하며 에너지 안보를 지키려고 해요.

핀란드는 왜 바이오매스를 쓸까?

핀란드 정부는 2035년까지 탄소 중립을 이루겠다고 발표했어요. 이를 위해 화력 발전소를 없애고, 풍력과 태양광 같은 재생 에너지 비중을 늘리고 있어요. 특히 바이오매스를 적극 활용하려고 해요. 바이오매스는 볏짚, 톱밥, 음식물 쓰레기, 동물 분뇨처럼 식물이나 동물에서 나온 유기물이에요. 이런 자원으로 연료나 비료, 퇴비를 만들 수 있어요.

우리나라 에너지, 석탄은 줄고 원자력은 늘었다고?

산업통상자원부에 따르면 2024년 원자력 발전이 처음으로 석탄 발전을 제치고 국내 최대 발전원이 되었어요. 그동안 줄곧 1위를 지켜 온 석탄은 천연가스와 함께 2위로 내려갔고, 재생 에너지는 처음으로 발전량이 10퍼센트를 넘었지요. 하지만 재생 에너지는 기술이 아직 덜 발달했고, 설치에 시간과 비용이 많이 들어요. 날씨에 따라 발전량이 달라 안정적이지 않다는 단점도 있어요. 그래서 지금은 석탄, 원자력, 천연가스, 재생 에너지를 함께 쓰고 있어요.

더 생각해 보기

최초의 석탄 화력 발전소는 어디일까?

세계 최초 석탄 화력 발전소는 1882년 영국 런던에 세운 '홀본 바이덕트 발전소'예요. 토머스 에디슨이 설계했지요. 산업 혁명 시기, 석탄은 중요한 에너지원이었지만 환경 문제로 사용이 점점 줄었어요. 2024년, 영국의 마지막 석탄 발전소가 문을 닫으며 142년 석탄 시대가 끝났지요. 우리나라 최초 석탄 화력 발전소는 1930년 서울 마포구에 지은 '당인리 발전소'예요. 지금은 지하에 천연가스(LNG) 발전소가 생겼고, 지상은 '마포새빛문화숲'으로 바뀌었어요. 2025년 현재, 우리나라에는 석탄 화력 발전소가 59기 남아 있고, 2036년까지 그중 28기를 폐쇄할 예정이에요.

1 기사 내용과 같으면 ○, 다르면 × 표시를 하세요.

(1) 핀란드는 2024년 헬싱키에 있는 마지막 석탄 화력 발전소를 폐쇄했다.　　（　　　）

(2) 핀란드는 석탄 대신 원자력을 주요 에너지원으로 삼고 있다.　　（　　　）

(3) 핀란드 환경부 장관은 석탄을 계속 쓰자고 주장했다.　　（　　　）

(4) 2024년 세계 에너지 수요 증가율에서 재생 에너지 비중이 가장 컸다.　　（　　　）

2 밑줄 친 곳에 들어갈 알맞은 어휘를 **보기** 에서 골라 적으세요.

> **보기**　폐쇄, 선도국, 재생 에너지, 선견지명

(1) 그 나라는 친환경 기술 개발 (　　　　　　)으로 인정받고 있다.

(2) 안전 문제 때문에 낡은 도서관 건물을 (　　　　　)했다.

(3) 우리 마을은 (　　　　　)로 전기를 만드는 데 힘쓰고 있다.

(4) 그는 미래를 내다보는 (　　　　　)으로 투자를 결정했다.

3 괄호 안에 알맞은 낱말을 넣어, 기사를 완성해 보세요.

내가 뽑은 제목:

_____

2025년 4월, 핀란드는 헬싱키의 마지막 석탄 화력 (　　　　　)를 폐쇄하며 탈석탄 (　　　　　)이 되었어요. 2019년 석탄 사용을 금지한 뒤 (　　　　　) 에너지에 투자해 풍력, 수력, 태양광 비중을 크게 늘렸지요. 지금은 전력의 25퍼센트를 (　　　　　) 발전이 담당해요. 전 세계적으로도 재생 에너지 사용이 빠르게 늘고 있어요.

석탄 화력 발전소, 꼭 없애야 할까?

전 세계적으로 탈석탄을 선언하면서 많은 나라가 석탄 화력 발전소를 없애고 있어요. 벨기에, 오스트리아, 스웨덴, 포르투갈, 영국은 석탄 발전소 가동을 전면 중단했어요. 하지만 우리나라와 일본처럼 탈석탄 속도가 느린 나라도 있지요. 이에 대해 여러분은 어떻게 생각하나요?

A 석탄은 온실가스를 가장 많이 내뿜는 에너지원이에요. 석탄을 태우면 이산화 탄소가 많이 나와, 대기 오염과 지구 온난화를 일으켜요. 환경을 지키려면 석탄 화력 발전소를 줄여야 해요.

B 전 세계가 탈석탄을 추진하는 이유는 미래 세대를 위해서예요. 태양광, 풍력, 수력처럼 석탄을 대신할 재생 에너지도 있잖아요. 석탄을 계속 쓰면 다른 나라에 수출할 때 탄소세를 내야 해서 비용이 더 들 수 있어요.

C 석탄은 여러 나라에서 수입할 수 있어 안정적인 에너지원이에요. 원자력처럼 사고 위험이 크지 않고, 천연가스처럼 가격이 크게 오르내리지도 않지요. 또 날씨에 따라 달라지는 재생 에너지보다 꾸준하게 쓸 수 있어요.

D 재생 에너지 시설을 새로 짓는 데는 돈이 많이 들어요. 이미 있는 석탄 화력 발전소를 그대로 쓰는 게 경제적으로 더 이득일 수도 있어요. 또 하나의 에너지에만 의존하는 건 위험하니까, 석탄 발전소도 함께 유지하는 게 좋다고 생각해요.

내 생각 정리하기

판소리 〈수궁가〉 중 '범 내려온다'

(엇모리)

범 내려온다. 범이 내려온다. **송림** 깊은 골로 한 짐생 내려온다. (중략) 쇠낫 같은 발톱으로 **엄동설한** 백설격으로 잔디 뿌리 왕모래 좌르르르르르르 흩치고, **주홍** 입 떡 벌리고 자래 앞에 가 **우뚝** 서 홍앵홍앵 하는 소리. **산천**이 뒤넘고 땅이 툭 꺼지는 듯 자리가 깜짝 놀라, 목을 움츠리고 가만히 엎졌구나.

> 해설

호랑이가 내려온다. 송림이 우거진 깊은 골짜기로 한 짐승이 내려온다. (중략) 낫 모양 발톱으로 엄동설한의 눈처럼 잔디 뿌리와 모래를 좌르르 흩날린다. 붉은 입을 벌리고 자라 앞에 우뚝 서서 으르렁거린다. 산천이 뒤집히고 땅이 꺼질 듯해, 자라가 놀라 목을 움츠리고 엎드린다.

👉 **이런 작품이에요!**
깊은 산골짜기에서 위엄 있게 내려오는 호랑이를 생생한 말과 리듬으로 그린 판소리 대목이에요.

어휘

송림(松林) 소나무가 빽빽하게 자란 숲.
엄동설한(嚴冬雪寒) 눈 내리고 몹시 추운 겨울.
주홍(朱紅) 붉은 빛이 도는 주황색.

우뚝 두드러지게 높이 솟은 모양.
산천(山川) 산과 냇물이란 의미로 자연을 뜻함.

중심 내용 요약하기

이야기를 들려주는 음악이자 문학, 판소리

판소리는 소리꾼이 고수의 북장단에 맞춰 여러 사람 앞에서 이야기를 들려주는 공연이에요. 소리(노래), 아니리(말), 발림(몸짓)으로 이루어져요. 조선 후기부터 유행했고, 특히 19세기에 인기가 많았어요. 판소리는 우리나라 국가 무형문화유산이며, 2003년에는 유네스코 인류무형문화유산으로 지정됐어요. 원래는 열두 마당이 있었지만, 〈수궁가〉, 〈춘향가〉, 〈심청가〉, 〈흥보가〉, 〈적벽가〉 다섯 마당만 전해지고 있어요.

《토끼전》을 바탕으로 한 〈수궁가〉

〈수궁가〉는 고전 소설 《토끼전》을 바탕으로 만든 판소리예요. 인물의 말과 행동이 더 자세히 표현되어 생생하고 재미있어요. 이야기는 병든 용왕이 토끼 간을 약으로 쓰려고 자라를 육지로 보내며 시작해요. 자라는 토끼를 데려오지만, 토끼는 간을 두고 왔다며 잔꾀를 부려 달아나요. '범 내려온다' 대목은 자라가 토끼를 찾다가 '토생원'을 '호생원'이라 잘못 불러, 호랑이가 나타나는 장면이에요. 참고로 '생원'은 나이 많은 선비를 높여 부르는 말이에요.

판소리의 특징

판소리에는 진양, 중모리, 중중모리, 자진모리, 휘모리, 엇모리, 엇중모리 같은 장단이 있어요. 진양은 가장 느리고, 휘모리는 가장 빠른 장단이에요. 이야기 분위기에 따라 장단이 달라져요. 또 판소리는 네 마디씩 끊어 말하는 4음보 형식을 써요. '범 / 내려온다 / 범이 / 내려온다'처럼요. 이 형식은 시조나 가사 같은 전통 시에도 많이 쓰여요.

소리꾼과 고수, 함께 만드는 판소리

판소리는 '여럿이 모인 자리'라는 뜻의 '판'에 '소리'를 더한 말이에요. 소리꾼이 이야기를 이끌고, 고수가 북으로 장단을 맞추며, 관객은 추임새를 넣어 함께 공연을 만들어요. 추임새는 '추켜세우다'에서 나온 말이에요. "얼씨구" "좋다" "얼쑤" 같은 추임새는 소리에 감탄하거나 소리꾼을 응원하는 뜻이지요. 이런 추임새가 있으면 소리꾼은 더 신나고 자신 있게 공연할 수 있어요.

1 판소리에 대한 설명이 옳으면 ○, 다르면 x 표시를 하세요.

(1) 판소리는 소리, 아니리, 발림으로 이루어져 있다. ( )

(2) 판소리의 장단 중 휘모리가 가장 느린 박자다. ( )

(3) 〈수궁가〉는 고전 소설 《토끼전》을 바탕으로 만든 판소리다. ( )

2 밑줄 친 곳에 들어갈 알맞은 어휘를 보기 에서 골라 적으세요.

> 보기   송림, 엄동설한, 우뚝, 산천

(1) 봄이 오자 알록달록하게 물든 ( )이 정말 아름다웠다.

(2) 동네 사람들은 소나무가 빽빽한 ( )에서 산책하는 걸 즐긴다.

(3) 마을 뒤에는 큰 산이 ( ) 서 있다.

(4) ( )에도 아이들은 눈밭에서 신나게 뛰어놀았다.

'○○ 내려온다' 로 시작하는 글을 지어 보세요. 무서운 짐승, 상상 속 괴물, 또는 엉뚱한 존재도 좋아요.

_____

_____

_____

_____

정답

신문을 읽으면 세상이 보여요

"엄마, 이스라엘과 팔레스타인은 왜 전쟁을 해? 팔레스타인은 어디에 있는 나라야?"

어느 날 인공지능 스피커로 뉴스를 듣던 아이가 물었어요. 며칠 동안 매일 뉴스에서 이스라엘─팔레스타인 전쟁 소식이 나오던 때였지요. 여러분도 뉴스나 신문 기사를 보다가 이런 궁금증을 품어 본 적이 있나요? 아니면 뉴스나 신문 기사는 어려워서, 또는 어른들이 읽는 글이라 멀리하지는 않나요?

뉴스나 신문 기사는 '세상을 보는 창'이에요. 신문을 읽으면 우리가 사는 시대의 흐름을 잘 알 수 있지요. 신문을 읽을 때도 '문해력'이 필요해요. 문해력이 중요하다는 말은 많이 들어서 여러분도 잘 알 거예요. 하지만 단순히 단어의 뜻을 많이 알고, 한자를 외운다고 해서 문해력이 높아지지는 않아요.

문해력은 글의 앞뒤 관계를 파악해 글쓴이가 전하려는 내용을 올바로 이해하는 능력이에요. 신문 기사가 어렵게 느껴지는 건 왜 그런 기사가 나오게 되었는지, 누구의 이야기인지, 나아가 우리 사회에 어떤 영향을 미치는지 잘 모르기 때문이에요. 그래서 신문 기사 같은 글을 읽을 때는 배경지식을 아는 게 무엇보다 중요해요.

《전 과목이 쉬워지는 강력한 국어의 힘 초등 문해력 신문》은 문해력의 범위를 어휘에만 두지 않고 배경지식으로 넓혔어요. 배경지식을 알고 읽으면 기사가 훨씬 흥미진진하게 느껴지는 경험! 그 경험과 재미를 전해 주고 싶었어요.

이 책은 자연스럽게 내 생각을 말할 수 있는 페이지로 마무리돼요. 하루하루 기사를 읽으며 세상을 보는 눈을 기르는 시간이 되길 바라요. 그러다 보면 문해력도 덩달아 자라고, 국어의 힘이 길러지는 마법 같은 일이 일어날 거예요.

강미숙, 지다나 드림